U0892146

体育运动学校教材

田　　径

（第2版）

体育运动学校《田径》教材编写组编

人民体育出版社

图书在版编目（CIP）数据

田径 / 体育运动学校《田径》教材编写组编. -- 2版. -- 北京 : 人民体育出版社, 1998 (2025.8重印)
体育运动学校教材
ISBN 978-7-5009-1561-4

Ⅰ. ①田… Ⅱ. ①体… Ⅲ. ①田径运动—专业学校—教材 Ⅳ. ①G82

中国版本图书馆CIP数据核字(2021)第184520号

田径

体育运动学校《田径》教材编写组　编
出版发行：人民体育出版社
印　　装：北京润田金辉印刷有限公司

开 本：787×1092　32开本　　印 张：10　　字 数：224千字
版 次：1990年6月第1版　1998年4月第2版
印 次：2025年8月第2版第31次印刷
书 号：ISBN 978-7-5009-1561-4
印 数：505,901—508,900册
定 价：28.00元

购买本社图书，如遇有缺损页可与发行与市场营销部联系
联系电话：（010）67151482
社　　址：北京市东城区体育馆路8号（100061）
网　　址：https://books.sports.cn/

前　言

为适应我国社会主义市场经济体制和教育、体育改革的需要，进一步提高体育运动学校办学质量和效益，培养德智体全面发展的优秀体育后备人才和社会需求的中等体育专业人才，根据1996年全国职业教育工作会议有关精神和国家体委修订下发的《三年制中等体育专业教学计划》及体育运动学校教学大纲，从目前我国社会对中等体育专业人才的需求和体育运动学校的实际出发，我们在原体育运动学校教材及试用教材的基础上重新修订和编写了这套体育运动学校教材，供三年制体育运动学校学生使用，也适用于其他中等体育专业学校。

体育运动学校教材由国家体委群体司组织编写，编写领导小组组长：谢亚龙。副组长：裴家荣、田文惠。成员：李今石、丛明礼、史勇。

本教材是在原体育运动学校试用教材《田径》1990年6月第1版的基础上重新修订编写而成。参加编写的人员有(按姓氏笔画排列)：北京体育大学王倩、山东体育运动学校王兴民、上海体育学院吴瑛，上海体育运动学校朱凤章和沈阳市体育运动学校赵烨。全书由王倩副教授进行串编统稿，并经北京体育大学张天祥教授和黄化礼教授审阅定稿。

体育运动学校《田径》教材编写组

1997年7月

目　　录

第一章　田径运动概述

第一节　田径运动的定义

田径运动进入中国的时间约在19世纪末。英美等国称田径运动为Track and Field，Track的英文意思是小路，Field的英文意思是田野，这样人们自然地译成了田径。田径运动包括走、跑、跳跃、投掷和全能运动等。通常把在跑道或公路上举行的以时间计算成绩的比赛称为径赛，而把在专门场地上进行的以高度和远度计算成绩的比赛项目称为田赛。除此以外，前苏联及东欧各国把田径运动称为“轻竞技”，这是相对于举重、摔跤等重竞技项目而言的，也是根据田径练习时外部表现的轻松感而提出的。

田径是大型综合性运动会的主要比赛项目之一。在奥林匹克运动会的比赛中，田径项目的金牌数量最多，运动员人数和观众人数最多，影响也最大。因此，田径运动具有竞技的属性。比赛时，对场地、器材和比赛条件有严格的规定，运动员在比赛中追求最高、最快和最强，力争取得最佳运动成绩。

此外，田径还是国内外各级学校体育活动的主要内容和广大人民群众进行健身运动的重要手段，它还具有锻炼身体、陶冶情操、增进健康的作用和属性。

由此可见，田径运动是以走、跑、跳跃、投掷的练习作为手段，以运动竞赛或健身为目的的体育活动。

第二节　田径运动的分类

田径运动可分为走、跑、跳跃、投掷和全能五部分，按年龄不同，这些部分又有许多类别和项目，通常在国际和国内大型田径比赛中设置的比赛项目见表一 1～5。

表一 1　　竞走类

组别 项目 分类	成人		青少年			
	男子	女子	男甲	男乙	女甲	女乙
场地竞走	20000 米 10000 米	5000 米 10000 米	5000 米 10000 米	3000 米 5000 米	5000 米 10000 米	3000 米 5000 米
公路竞走	20 公里 50 公里	10 公里				

表一 2　　跑类

组别 项目 分类	成人		青少年			
	男子	女子	男甲	男乙	女甲	女乙
短距离跑	100 米 200 米 400 米	100 米 200 米 400 米	100 米 200 米 400 米	100 米 200 米 400 米	100 米 200 米 400 米	100 米 200 米 400 米
中距离跑	800 米 1500 米	800 米 1500 米	800 米 1500 米	800 米 1500 米	800 米 1500 米	800 米 1500 米
长距离跑	5000 米 10000 米	5000 米 10000 米	5000 米 10000 米	3000 米 5000 米	3000 米 5000 米	3000 米

续表—2

组别 项目 分类	成人		青少年			
	男子	女子	男甲	男乙	女甲	女乙
超长距离跑	马拉松	马拉松				
跨栏跑（栏高）	110 米（1.067 米） 400 米（0.914 米）	100 米（0.84 米） 400 米（0.762 米）	110 米（1.00 米） 300 米（0.914 米） 400 米（0.914 米）	110 米（0.914 米） 400 米（0.762 米）	100 米（0.84 米） 400 米（0.762 米）	80 米（0.762 米） 400 米（0.762 米）
障碍跑	3000 米		2000 米			
接力跑	4×100 米 4×400 米	4×100 米 4×400 米	4×100 米 4×400 米	4×100 米 4×400 米	4×100 米 4×400 米	4×100 米 4×400 米
越野跑	不限定	不限定				

表—3　　跳跃类

组别 项目 分类	成人		青少年			
	男子	女子	男甲	男乙	女甲	女乙
高度	跳高 撑竿跳高	跳高 撑竿跳高	跳高 撑竿跳高	跳高 撑竿跳高	跳高 撑竿跳高	跳高
远度	跳远 三级跳远	跳远 三级跳远	跳远 三级跳远	跳远 三级跳远	跳远 三级跳远	跳远

表—4　　投掷类

组别 项目 分类	成人		青少年			
	男子	女子	男甲	男乙	女甲	女乙
推铅球	7.26 千克	4 千克	6 千克	5 千克	4 千克	3 千克
掷铁饼	2 千克	1 千克	1.5 千克	1 千克	1 千克	1 千克
掷标枪	800 克	600 克	700 克	600 克	600 克	500 克
掷链球	7.26 千克	4 千克	6 千克	5 千克	4 千克	

表一 5　　　　　　　全能类

成人		青少年			
男子	女子	男甲	男乙	女甲	女乙
十项全能	七项全能	七项全能	四项全能	五项全能	四项全能

第三节　田径运动的产生与发展

田径运动是在人类社会发展中逐步产生和发展的。远在上古时期，人们为了生存和获得生活资料，在和大自然及野兽作斗争中经常出没于崇山峻岭、沼泽平原，跨跃溪流，越过障碍，投掷石块、木棒和其他捕猎工具等，在日常生活劳动中，不断重复和改进这些动作，逐步形成了走、跑、跳跃、投掷等各种生活劳动技能，并把这些技能一代代地传授了下去。古代时也利用走、跑、跳跃和投掷的练习挑选与训练士兵。在我国春秋战国时期就曾把能跑善跳作选择士兵的标准之一。但是，仅有这些还不能说就是田径运动，只有产生了严密的规则和传统的竞赛时才能说有了田径运动。公元前776年在希腊举行的第1届古代奥运会上进行了正规的田径比赛，以后每4年1次，这是形成早期田径运动的开始。

19世纪在法国教育家顾拜旦的倡议下，于1896年在希腊雅典举行了第1届现代奥林匹克运动会，田径运动的竞走、跑、跳跃和投掷的一些项目被列为大会的主要比赛项目。田径运动在已举行的历届奥林匹克运动会上，以其比赛项目数量最多而十分引人注目，并且随着现代奥林匹克运动的兴起，使得田径运动无论是比赛项目的数量，还是运动成绩都有了很大的发展。

1912 年成立了国际业余田径联合会，如今已发展成为拥有 209 个会员国的国际体育组织。它确定国际统一的田径竞赛项目，拟定竞赛规则，组织国际比赛，设立与审批世界纪录，以及促进国际田径比赛交流等。当前国际重大田径比赛主要有奥林匹克运动会的田径比赛，世界田径锦标赛和世界杯田径赛。世界田径运动在近百年的发展过程中，大体可分为 5 个阶段。

第一阶段：19 世纪末至 20 世纪初，现代田径运动开始形成、发展，在较低水平上逐步提高。

第二阶段：1913 年至 1920 年受第一次世界大战影响，是世界田径运动发展停滞和运动成绩下降时期。

第三阶段：20 年代至 30 年代中期（1921～1936 年）是世界田径运动恢复、发展与提高阶段。

第四阶段：30 年代后期至 40 年代后期（1937～1948 年）受第二次世界大战的影响，是世界田径运动发展第二次下降时期。

第五阶段：50 年代至今的四十多年中，由于科学技术的迅速发展、科研成果直接或间接地在田径运动实践中的应用和科学训练体系的建立、完善以及场地器材的改进，促进和保证了田径运动健康、迅速和持续不断地发展，运动成绩达到很高水平。

田径运动是在 19 世纪末叶随着欧美教育传入我国的。1880 年，上海圣约翰书院举行的以田径为主要项目的运动会，是我国较早的一次田径比赛。在旧中国 1910～1948 年举行的七届全国运动会中，田径运动都是主要的比赛项目，但运动水平很低。旧中国曾派田径运动员参加了1932年、1936年和1948年的三届奥运会，只有撑竿跳高运动员符保卢在1936年奥运会通过了及格赛。当时，我国的田径运动水平与世界相比，约落后半个世纪，在亚洲也处于落后地位。

新中国成立之后，党和政府十分关心体育运动的发展，田径运动迅速普及，技术水平提高很快。先后出现了像郑凤荣、朱建华、王军霞等一批打破世界纪录的运动员，同时还涌现出一大批世界水平的运动员，特别是陈跃玲在1992年巴塞罗那奥运会上获得了女子10公里竞走金牌，实现了我国田径运动员在奥运会历史上金牌零的突破；王军霞在1996年亚特兰大奥运会上又勇夺女子5000米跑金牌。可以说，我国的田径运动水平已基本上实现了冲出亚洲、走向世界的目标。但是，从总体上看，我国的田径运动水平与世界田径强国相比，还有很大的差距。为此，我国采取了一系列措施，大力培养田径后备人才，以提高我国的田径运动整体水平。

第四节　田径运动的特点与意义

一、田径运动可全面发展身体

走、跑、跳跃、投掷等练习是人体的基本活动形式，对人体具有各方面的影响，它能提高力量、速度、耐力和关节的柔韧性及身体的灵活性，获得广泛的技能，并能培养良好的意志品质等。如为了发展速度时多采用短跑的一些练习；在发展耐力时多采用长距离跑的方法；在发展弹跳时多采用跳高、跳远的一些练习；在发展投掷能力时多采用投掷项目的一些练习；经常进行撑竿跳高、跨栏及其他技术性项目的练习可以发展人的灵敏。因此，许多其他运动项目的运动员常采用田径练习作为发展身体素质的手段。身体的全面发展，对于青少年尤为重要。体育课中广泛采用田径项目的练习手段，有助于促进青少年的生长发育，提高身体素质和机能能力，增进身体的健康水平。

二、田径运动的可计量性

田径运动是一项可以用准确的计量单位来衡量的运动项目；它可以用时间来计算人跑的能力，用尺度来计量人的跳跃和投掷能力。由于这种特点，人们在锻炼时多采用田径运动的成绩来衡量锻炼效果。因此，国家体委制定的《体育锻炼标准》中多以田径项目为依据制定标准，在各级各类学校的体育教学中田径占有重要的地位。

由于田径运动的可计量性，它的成绩可以代表人类的运动能力。例如世界百米跑纪录创造者可作为世界上跑得最快的人，世界跳高纪录创造者可作为世界上跳得最高的人，这类特点是其他运动项目所不能替代的。

三、田径运动的可普及性

田径运动绝大部分是个人项目，参加者不受人数的限制，机动性较强，这与许多集体项目及对抗性项目相比，具有一定的优越性。田径运动较少受到场地和器材条件的限制，除了正规的田径比赛外，开展田径运动可在极其简单的场地上进行。走、跑项目可以在较平坦的道路上进行，强度较小的中长跑项目可在小路、公园和沙滩上进行；跳跃项目可利用沙坑或在较松软的土地上进行；而投掷项目则可因陋就简，因地制宜。从事田径练习的负荷量和强度可根据练习者的年龄、性别和训练水平的差异进行自我控制和调节，以使身体达到适宜的负荷。所以，它是一项老少皆宜的项目，便于普及。

四、田径运动的影响性

田径运动是奥运会主要的比赛项目，无论是奖牌数还是参加的运动员人数都列各项目之首。目前，奥运会田径比赛的金牌数量已达到43枚，并有继续增加的趋势，参加田径比赛的运动员接近2000人，参加的国家和地区超过170个。田径运动还是各个竞技体育项目的基础，它的运动水平代表着一个国家和民族的体育运动水平，故有“得田径者得天下”之说。重视田径运动的训练和成绩的提高，重视田径运动在竞技体育中的地位早已成为人们的共识。

第二章
田径运动技术原理

田径运动技术是指人们合理地利用自己的运动能力，创造各项成绩的有效方法。

田径运动技术原理是人们在长期的运动实践和理论研究中总结归纳出的田径运动各项目的基本规律（反映人体在完成技术动作时的正确姿势，动作的时间、方向、幅度、频率、速度和肌肉的收缩形式等）。它是指导人们从事田径运动时如何合理地使用身体能量和发挥最大运动能力的理论依据。

田径运动项目的完整动作都可分为“部分”，如助跑是跳高的一部分；可分为动作的“环节”，如跳远助跑中的某一步；可分为“时期”，如跑和跳跃中的支撑和腾空时期；可分为“瞬间”，如投掷器械出手刹那间等。这种有条件的动作划分，便于对田径运动技术的分析和有益于田径运动的技术教学与训练。

第一节　跑的技术原理

一、跑的概念、时期与阶段划分

走、跑都是人体向前位移的方法。走是单脚支撑与双脚支撑相互交替的周期性运动；跑是单脚支撑与腾空相互交替的周期性运动。两者都要求在前移时上肢与下肢、蹬与摆的协调配合。由于跑的动作比走的动作多一个腾空时期，走的技术原理的内容又与跑的技术原理基本相同，所以我们只阐述跑的技术原理，而不专门论述走的技术原理。

运动员跑的距离无论长短，都是通过多次周期性的重复用力，力求在最短的时间内通过一定的距离。因此，在分析跑的技术时，只需要论述一个复步的动作周期的组成部分及其动作特点。

一个跑的动作周期由两个单步组成，每个单步又由支撑和腾空时期构成。支撑时期分为两个阶段：脚着地缓冲阶段和后蹬阶段；腾空时期分为折叠前摆阶段和下放摆落阶段。

支撑时期—
- 缓冲阶段：从脚着地瞬间至身体重心移到支撑点垂直上方。
- 后蹬阶段：从缓冲阶段结束至脚蹬离地面瞬间。

腾空时期—
- 折叠前摆阶段：后蹬结束至膝部摆到最高点。
- 下放摆落阶段：从前摆阶段结束至脚着地前瞬间。

二、影响跑的力

影响跑的力一般分为内力和外力。

内力是指人体各部分之间相互作用时产生的力，如肌肉的收缩力。

外力是指人体与外界物体相互作用时外界对人体的作用力。

只有在内力与外力相互的作用下，才能使人体产生运动。

影响跑的外力主要有以下几种：

（一）空气阻力

空气阻力对人体的运动起阻碍作用，它始终与人体的水平运动方向相反。空气阻力的大小与跑的速度和运动员身体的体积有关。

（二）重力

重力的方向始终指向地心并起不同的作用。身体向下运动时，它是动力；身体向上运动时，它是阻力。重力不会影响人体的水平速度，只能改变运动的方向。

（三）支撑反作用力

人体在支撑时给地面一个作用力，地面也给人体一个大小相等、方向相反的支撑反作用力。在跑的支撑时期的不同阶段和瞬间，跑的支撑反作用力方向是不断变化的（图二 1）。

在脚着地瞬间，由于着地点在身体重心垂直投影点之前，支撑反作用力的方向是向后上方的。这样就会对向前跑进中的人体产生制动，使缓冲阶段的跑速下降。在后蹬阶段，支撑点在身体重心垂直投影点之后，其支撑反作用力的方向是向前上方的，从而产生使人体向前的动力，这是跑进的主要动力。因此，减小脚着地瞬间的制动力和增大后蹬阶段的作用力是跑时支撑时期的关键，现代跑的技术要求积极摆动、蹬摆结合和“鞭打”式着地，其目的都是为了产生上述的效果。因为，摆动腿的积极摆动不但能增大后蹬效果，还能加快人体重心的前移，同时向前的高摆动作还为积极的“鞭打”式着地创造条件。“鞭打”式着地能缩短着地的距离（着地点至身体重心投影点的距离）和增大着地角（着地点至身体重心连线与水平面的夹角），从而有利于减小脚着地时的制动力。经研究后发现，现代跑的技术有着地缓冲（制动）时间和距离减小、后蹬时间和距离加大的趋向。

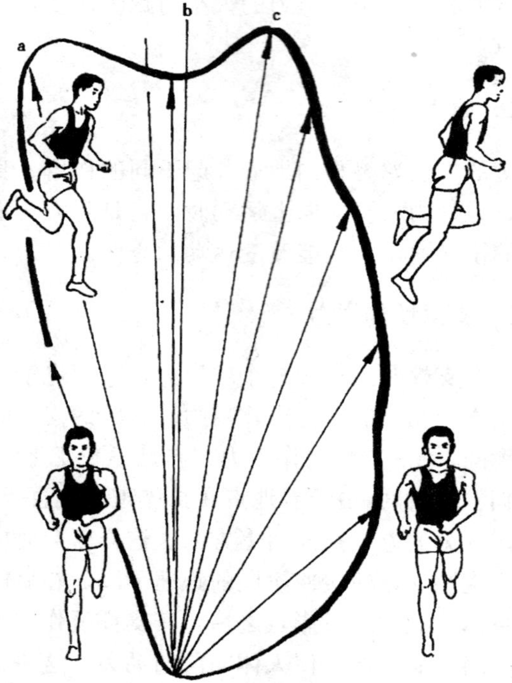

图二1　跑的支撑反作用力矢量图

三、决定跑速的因素

决定跑速的主要因素是步长和步频。步长是指两脚着地点之间的距离，步频是指单位时间内的步数。无论是保持步长加快步频，还是保持步频加大步长或两者同时提高，都能提高跑速。但是，在实践中加大步长往往会减低步频，而加快步频往往会缩短步长，从而影响跑速的提高。影响步长和步频的因素是多方面的，具体见表二1。

表二 1　　　　　　　**影响跑速的因素**

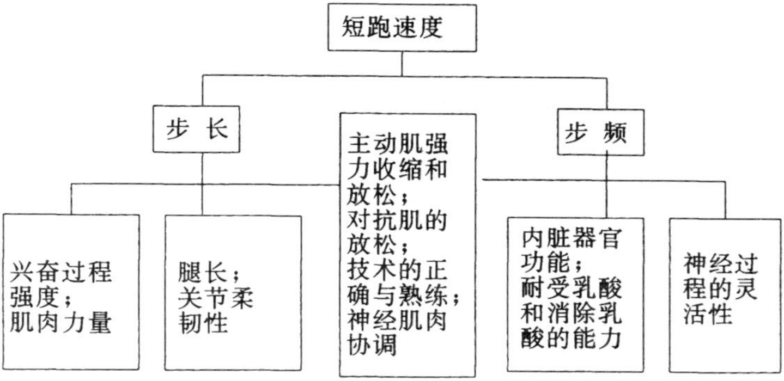

因此，在教学和训练实践中，应根据个人特点，有的放矢地发展学生的步长和步频。如身高腿长的学生有着较大步长的可能，应尽可能保持其原有的步长而加强其步频的提高。而对身材较矮、速率较快的学生则应尽量保持其较快的步频，发展其步长，使其步长和步频形成合理的比例关系，进而提高跑速。

四、跑的各阶段的技术要求

跑的全过程由起跑、起跑后的加速跑、途中跑和终点跑四个部分组成。

（一）起跑阶段

起跑是全程跑的开始部分，其任务是迅速摆脱静止状态，为起跑后的加速跑创造条件。因此，起跑技术对起跑后的加速跑有直接影响。根据跑的项目不同，起跑方法也有所不同：短跑要求采用蹲踞式起跑，必须使用起跑器；中长跑没有上述要求，一般采用半蹲式或站立式起跑。

（二）起跑后的加速跑

起跑后的加速跑根据项目的不同也有所区别。短跑的起跑后加速跑要求在较短时间内发挥较高的速度，较快地过渡到途中跑。因此，步长和步频迅速增大，上体前倾较大。中长跑起跑后加速跑的距离与跑速，是由跑的战术需要而决定的。

（三）途中跑

途中跑是各项目全程中距离最长的段落。由于项目不同，最高跑速和保持跑速的距离、时间也不同。距离越长，最高跑速越低，保持跑速的距离和时间则越长。因此，途中跑要求放松对抗肌和不参加工作的肌肉群，以节省能量。

（四）终点跑

终点跑是全程跑的最后阶段，由于项目不同，其要求也不同。短跑要求在疲劳状态下尽可能地保持途中跑的速度跑过终点。中长跑的终点跑对最后获胜具有重要作用。因此，必须根据个人体力和身体素质特点来确定终点跑的距离和战术，并要求具有顽强的意志。

第二节　跳跃的技术原理

一、跳跃的概念与动作阶段划分

田径运动中的跳跃是人体运用自身的能力通过一定的运

动形式，超越一定空间的技术动作。根据各个跳跃项目的技术动作的共性，可将动作划分成三个阶段：助跑、起跳、腾空与落地。他们都是由周期性动作（助跑）和非周期性动作所组成的。四个跳跃项目的特点主要是通过不同形式的腾空阶段表现出来的。

二、决定跳跃高度的因素

在跳高过程中，人体越过的横杆高度是由三个因素决定的，这就是跳高理论中的公式：

$H=H_1+H_2-H_3$

H 是越过横杆的高度；

H_1 是起跳脚离地瞬间身体重心的高度；

H_2 是通过跳跃使身体重心升高的高度；

H_3 是身体重心最高点至横杆上沿之间的距离，见图二2。

图二 2　跳高时各高度示意图

下面我们来分析一下这三个相关的因素：

H_1，影响它的有两个因素，一个是身体形态，运动员的身材高、下肢长、重心高，起跳时可以获得较大的 H_1 值，对创造优异成绩非常有利。另一个是技术因素，在起跳时两臂和摆动腿充分向上摆动，提肩、拔腰、整个身体充分伸展，起跳腿的膝踝关节充分蹬伸，均可以提高离地时身体重心的高度。

H_2 是腾空的高度，也是决定跳高成绩的主要因素。跳高时腾起的高度取决于腾起的初速度和腾起角度。跳高时腾起的初速度主要取决于助跑的速度、合理的起跳技术、腿部肌肉的爆发力和双臂与摆动腿的正确摆动。在腾起角度为 90°时可以获得最大的腾起高度，但在跳跃时为完成合理的过杆动作，实际腾起角度应小于这一数值。

H_3 是身体重心腾起的最高点与横杆上沿平面之间的垂直距离。这个值越大，在身体重心腾起高度不变时所能越过的横杆高度就越低，所以它对跳高成绩起副作用。影响 H_3 的因素是运动员的过杆姿势和技术。不同的跳高姿势对 H_3 的影响见图二 3。

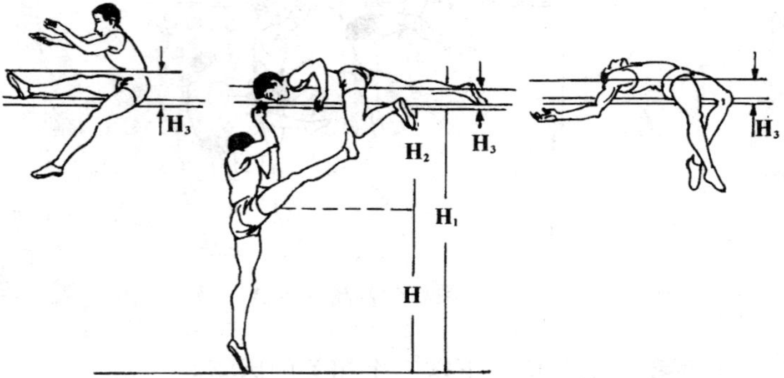

图二 3　三种跳高姿势的杆上身体重心位置

三、决定跳跃远度的因素

在分析影响跳远成绩的因素时，我们可以将其概括为三部分：L_1、L_2 和 L_3。

L_1 是身体腾空离地的瞬间，身体重心的投影点与起跳板前沿之间的水平距离。

L_2 是身体重心在 L_1 时刻的位置与腾空下落至 L_1 高度时的位置之间的水平距离。

L_3 是从 L_2 的终点至最近落地点之间的水平距离（图二 4）。

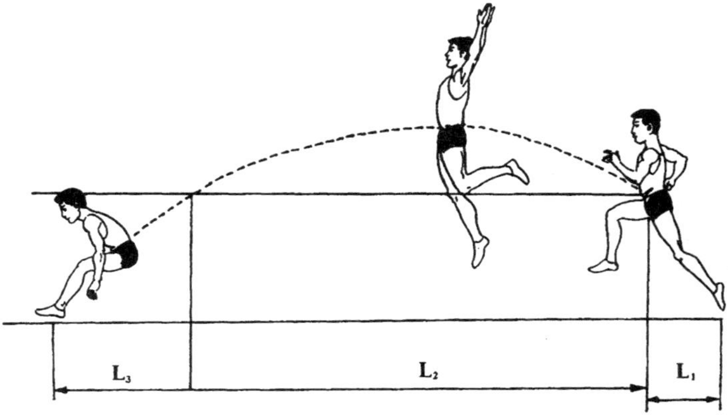

图二 4　决定跳跃远度因素

L_1 的值取决于踏上起跳板的准确性和身体形态（身高、腿长及身体各部位的姿势）。L_1 在整个跳跃成绩中所占的比例虽小，但意义重大，要求运动员起跳时踏板准确，具有较高心理素质和技术的稳定性，在此应当予以重视。

L_2 取决于身体重心腾起的初速度和腾起角度。在实践中优秀运动员跳远时的腾起角度通常为 18°～23°，如果腾起角过大，就会影响水平速度。

L_3 的值取决于身体重心下落时的高度和落地时的身体动作。身体重心的高度首先取决于腾起时的高度，落地时应充分利用身体的抛物线轨迹，利用身高、腿长及合理的落地动作尽量加长 L_3 的距离。

影响跳远成绩的各项因素如图二 5 所示。

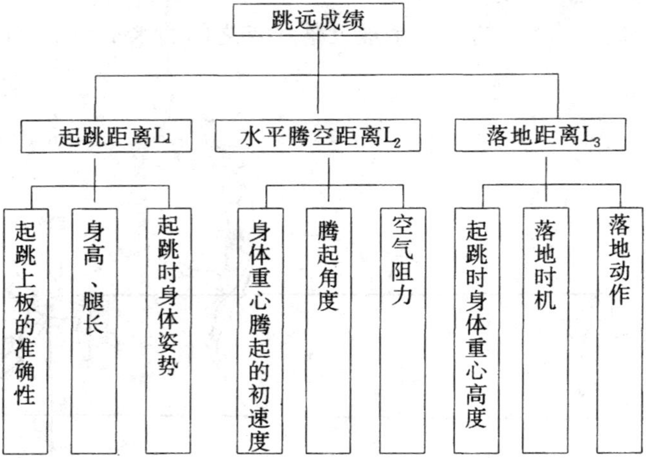

图二 5　影响跳远成绩的因素

四、跳跃各阶段的技术要求

（一）助跑阶段

跳跃项目助跑的目的是要充分发挥和利用水平速度，为起跳做好准备。助跑阶段的共同要求是：

1. 量好准确的助跑距离。
2. 做好中间标志。
3. 助跑动作轻快自然。
4. 步幅和步频稳定。
5. 节奏明显，发挥最佳速度。
6. 为最后起跳做好降低重心和改变运动方向的准备。
7. 准确踏上起跳点。

（二）起跳阶段

1. 起跳腿积极、快速、有力且富有弹性地踏上起跳点。
2. 快速有力地蹬伸起跳。
3. 双臂和摆动腿有力地摆动，与起跳动作协调配合。
4. 掌握好身体平衡。

（三）腾空和落地阶段

1. 维持身体平衡。
2. 做好空中的动作，争取最大的腾空高度或远度。
3. 腾空时为落地动作做好准备。
4. 做好落地动作，确保人身安全。

第三节　投掷的技术原理

一、投掷的概念与动作阶段划分

田径中的投掷是通过人体的动作将器械投出尽量远的距离。各投掷项目都可将完整技术划分为四个阶段：准备阶段、预加速和超越器械阶段、最后用力阶段、结束阶段，见表二2。在这四个阶段中，最后用力阶段对成绩的影响最大，预加速阶段次之，准备阶段和结束阶段的影响较小。

表二 2　　　　投掷项目的动作阶段

阶段名称	铅球	铁饼	标枪	链球
准备	团身或转体	预摆	预备姿势	预摆
预加速和超越器械	滑步或旋转	旋转	助跑	旋转
最后用力	推	掷	鞭打	掷
结束	维持平衡	维持平衡	维持平衡	维持平衡

二、投掷各阶段的技术要求

（一）准备阶段

准备阶段的任务是完成持握器械的动作，将器械置于一个适宜的位置，以便加长器械运行的距离，为进入下一阶段做好准备。握持器械要稳固、自然，要有良好的器械感觉，能在用力前保持放松状态。

（二）预加速阶段

在四个投掷项目中，预加速阶段的动作形式有三种：滑步、旋转和助跑。通过预加速阶段，人体和器械能获得一定的速度，如滑步动作能使运动员和铅球获得 2 米/秒的速度，助跑能使运动员和标枪获得 6～8 米/秒的预先速度，从而比原地投掷的更远。通常滑步推铅球比原地推可提高成绩 1.5～2 米，助跑掷标枪比原地掷可提高 20～30 米，旋转掷铁饼比原地投可提高 8～12 米。

在这个阶段，运动员应充分利用投掷场地，使人体和器械获得一定的预先速度，运动员加速的快慢应与其身体素质发展水平和掌握技术的熟练程度相适应。运动员和器械获得预先速度的动力来源于两腿积极有力地蹬地和摆动。在完成动作时还应保持身体的平衡。

为了能使器械获得的预先速度转变为出手速度，本阶段应与最后用力阶段紧密衔接，尽量减少速度的损失。

为了增加最后用力的工作距离，在预加速动作阶段还应做出适宜的超越器械动作。超越器械的意义在于形成良好的用力前的预备姿势，有效地增加最后用力的工作距离，快速增加参与最后用力工作的肌肉的初长度，提高肌肉的收缩速度和力量。在不同投掷项目中，超越器械的方式也有所不同，在掷铁饼中，超越器械的方式以身体的扭转为主，髋轴、肩轴和投掷臂之间的相互超越以及交叉扭紧动作是超越器械的明显特征。在掷标枪中，两腿的积极蹬、摆和向前的动作使下肢超越上肢和标枪。在投掷中应注意的是，超越器械的动作不应以降低运动的速度为代价，否则同样也会影响投掷的成绩。

（三）最后用力阶段

最后用力阶段是投掷技术中最重要的技术环节，也是能否取得优异成绩的主要因素。要正确完成最后用力，需要做到以下几个方面：

掌握正确的发力时机。要求运动员在适宜的时机发力。例如在掷标枪时，当运动员的身体重心移过右脚支撑点上方时，右腿就开始积极蹬伸用力，这样可以和预加速阶段密切衔接，更好地利用助跑获得的速度。

掌握合理的用力顺序。在投掷项目中，最后用力的动作顺序是否合理，对于能否获得较大的出手速度至关重要。正确的用力顺序应是自下而上，应先由下肢的大肌肉群首先发力，然后是躯干的肌群用力，最后才是投掷臂的肌群用力。只有按照严格的顺序完成最后用力动作，才能获得较大的出手速度，取得较好的投掷成绩。

做好左侧支撑动作。在最后用力时，身体左侧的肢体也参与最后用力，其动作应与身体右侧用力相配合（指右手投掷者）。在最后用力时，左腿的制动动作和有力的蹬伸对于提高出手速度意义重大。左臂（非投掷臂）的摆动和适时制动对于提高用力效果也有一定意义。

在最后用力阶段，为了提高用力的效果，应注意保持较长的用力距离，尽量增大对器械的作用力，在保持用力工作距离的同时，尽量缩短用力的时间。

（四）结束阶段

器械出手后，应维持好身体的平衡，防止犯规。

三、决定投掷成绩的主要因素

在各个投掷项目中，决定成绩的主要因素是出手时器械所具有的各项条件，如器械的出手速度、出手角度、出手高度等，空气阻力和重力加速度也会对器械的飞行远度产生影响。由于重力加速度是一个固定的数值，而空气阻力的变化只对标枪和铁饼的飞行影响较大，而且比较复杂。因此对于推铅球和掷链球这两个

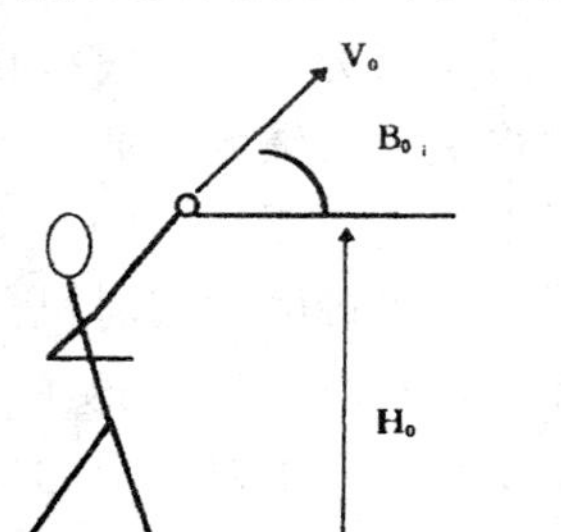

图二 6　铅球出手时的各项条件

项目来说，决定成绩的主要因素是前三个条件。为便于分析，我们主要以推铅球为例分析决定器械飞行远度的各种因素，其他投掷项目可以参考使用。影响铅球飞行远度的因素可参见图二 6。

从图二 6 中可见，运动员在推铅球时，其投掷成绩主要取决于铅球出手时的各种条件，它们的定义如下：

出手速度（V_0）：也称初速度，它是器械出手瞬间其质心的速度。出手速度是一个矢量，不仅有大小，而且还有方向，其使用单位为：米/秒。

出手角度（B_0）：它是出手速度与水平面之间的夹角，其单位为：度。

出手高度（H_0）：它是器械出手时，其质心位置至地面的垂直高度。

这些条件与器械飞行远度的关系以及影响这些条件的主要因素可见图二 7。

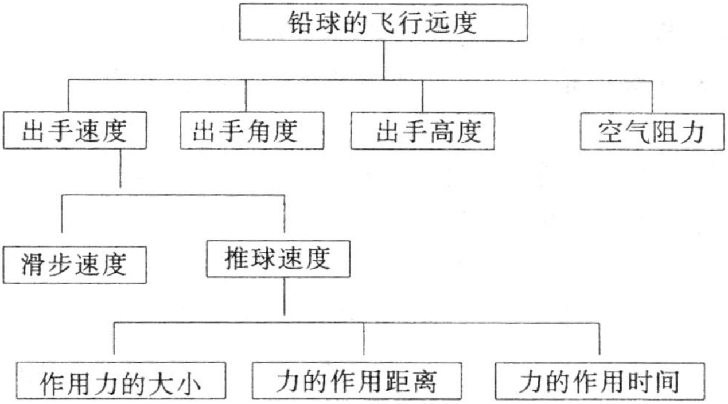

图二 7　影响铅球飞行远度的主要因素

在影响器械飞行远度的各个因素中，出手速度 V_0 起着决定性的作用。根据抛射物体的远度公式 $S=\frac{V_0^2 \sin 2B_0}{g}$，可以看出器械的飞行距离与出手速度的平方成正比，在其他条件不变时，出手速度增加时，器械的飞行远度也会随之增加（表二 3）。

表二 3　出手速度和角度对器械飞行远度的影响（米）

B_0 \ V_0	10 米/秒	11 米/秒	15 米/秒	20 米/秒	25 米/秒
35°	9.59	11.60	21.57	38.35	59.93
36°	9.70	11.74	21.83	38.81	60.65
41°	10.10	12.22	22.73	40.21	63.15
42°	10.15	12.28	22.83	40.59	63.42
45°	10.20	12.34	22.95	40.82	63.78
46°	10.19	12.33	22.94	40.70	63.74

因此，努力提高器械的出手速度是提高成绩的主要途径。从表二 3 中可见，提高出手速度的途径可从两个方面考虑，一是提高滑步的速度，二是提高最后用力时推铅球的速度。而这两者的提高依赖于运动员身体素质的发展和推铅球技术的不断完善。

出手角度也是影响器械飞行远度的一个因素。从上述斜抛物体的远度公式还可以看出，当出手角度 $B_0=45°$时，$\sin 2B_0$ 可以获得最大值，因而出手角度以 45°为最佳。但在实际投掷时，由于器械的出手点位置高于落地点，所以实际的最佳出手角度应小于 45°。经过计算，推铅球的最佳出手角度约在 38°～40°之间。优秀运动员在投掷时经常采用较小的出手角度，以获取较高的出手速度，也取得了优异成绩。根据目前的研究结果，掷铁饼的最佳出手角度约为 36°，投掷男子标枪的最佳出手角度为34°。投掷女子标枪的最佳出手角度在30°～34°之间。掷链球的最佳出手角度为42°～44°之间。

出手高度也对器械的飞行远度产生一定的影响。当出手高度增加时，器械的飞行远度也会增加。重视这一条件的意义在于，在进行运动员选材时，要尽量选拔身材高大的运动员，以获取较高的出手高度。在最后用力时，应尽量充分蹬伸两腿，以获得较大的出手高度。但对于某个运动员来说，出手高度也有一个最佳值，过分追求出手高度反而会影响出手速度。

第三章　田径运动竞赛的组织工作和裁判法

第一节　田径运动竞赛的组织工作

一、学校组织田径运动竞赛的意义

（一）有计划地举办各种田径比赛，是贯彻全民健身计划和检查促进学校体育工作的重要手段。

（二）通过比赛可调动学生学习田径项目的积极性，培养学生的组织性和纪律性，并在比赛中充分发展学生的个性。

（三）推动田径运动的普及，促进提高，加强交流，增进友谊。

（四）通过比赛可发现“苗子”，并选拔优秀人才。

田径运动竞赛的组织形式：

1. 在学校里一般有春（秋）季田径运动会、选拔赛、达标赛、对抗赛和邀请赛等多种形式。

2. 国内的大型田径比赛有全运会田径比赛，全国田径锦标赛和冠军赛，全国青年田径锦标赛和冠军赛，全国少年（分年龄组）田径比赛，全国工人、农民、大学生和中学生田径比赛等。

3．国际性的大型田径比赛有奥运会田径比赛、世界田径锦标赛和世界杯赛、亚运会田径比赛以及由国际业余田径联合会和亚洲业余田径联合会委托举办的洲际以上田径比赛。

二、田径运动竞赛的筹备和组织

（一）组织方案

1．运动会的名称；

2．目的任务；

3．运动会的规模；

4．组织机构；

5．经费预算。

在筹备基层田径比赛时，组织方案应力求简明，切实可行。

（二）拟定竞赛规程

竞赛规程是运动会最基本的文件，是组织比赛和裁判工作的重要依据，一般应包括下列内容：

1．运动会名称；

2．主办单位和承办单位；

3．比赛日期和地点；

4．比赛项目；

5．参加办法和报名办法：

（1）运动员参赛资格（年龄、年级）的规定。若是达标比赛，还要制定达标的成绩标准。

（2）男、女运动员的人数规定。

（3）教练员及领队人数的规定。

（4）每人参加几个项目和每项限报人数的规定。

（5）报名单的填写及报名截止日期的规定。

6．竞赛办法：

（1）采用哪年出版的《田径竞赛规则》。

（2）录取名次与计分办法。

（3）有关径赛赛次和田赛分组比赛的规定。

7．奖励办法。

三、田径运动会秩序册的编排

（一）秩序册的内容

大型运动会田径比赛的秩序册，一般有总秩序册和每天比赛秩序册两种。

1．总秩序册的内容：

（1）竞赛规程。

（2）大会组委会和竞委会各处、室工作人员名单。

（3）技术代表和技术官员名单。

（4）仲裁委员会名单。

（5）裁判员名单。

（6）各代表队名单（包括领队、教练员、医生及运动员姓名、号码、出生年月日、身高、体重、报名项目和成绩等）。

（7）参赛单位及人数统计表。

（8）大会活动日程表。

（9）竞赛日程（竞赛秩序）表。

（10）世界、亚洲及全国最高纪录。

（11）运动员技术等级标准。

（12）竞赛场地平面示意图、马拉松和公路竞走路线示意图。

2. 每天比赛秩序册内容：

（1）总竞赛日程（竞赛秩序）表。

（2）每天各项比赛时间和分组、道次（径赛）、顺序（田赛）、运动员号码、姓名、单位等。

（3）前一天的各项比赛成绩公报及各项统计。

（4）有关项目的纪录。

（5）当天竞赛场地平面示意图或马拉松和公路竞走路线示意图。

3. 一般基层运动会田径比赛秩序册的内容：

（1）竞赛规程。

（2）大会主要领导机构及名单。

（3）裁判员名单。

（4）运动员姓名及号码对照表。

（5）参赛单位及人数统计表。

（6）竞赛分组（顺序）表。

（7）竞赛日程（竞赛秩序）表。

（8）有关田径纪录。

（9）运动员技术等级标准。

（10）竞赛场地平面示意图。

（二）编排的步骤和方法

1. 学习竞赛规则和竞赛规程，并要了解运动会的会期；开幕式、闭幕式所需的时间，每天实际比赛的时间；场地器材、裁判员人数和裁判水平等情况。

2. 审核报名单，并编写单位号和运动员姓名号码对照表。

3. 统计各单位参赛人数和运动员兼项情况。

4. 填写径赛卡片和田赛高度、远度表。一般基层比赛，径赛不用卡片，直接用“起终点用表”。

5. 径赛项目分组

（1）分组原则：

①根据已统计好的参赛人数、可用的分道数、裁判员的人数、赛次和录取方法进行分组。分组时尽量使每组人数大致相等。

②同一项目，同单位的运动员尽量避免排在同一组内。

③如果不分赛次，直接进行分组决赛时，一般把成绩较好的运动员编在一组。

④全能运动径赛项目的分组，每组最好为 5 人或 5 人以上。一般不少于 3 人。

⑤全能运动最后一个径赛项目的分组，应将前面各单项累积分较多的运动员编在一组。

（2）分组方法：

①根据参赛者的报名成绩对其进行排序，然后用“蛇形排列法”进行分组。

如：男子 100 米预赛 24 人，分三组（表三 1）。

表三 1　　蛇形分组表

A	1	6	7	12	13	18	19	24
B	2	5	8	11	14	17	20	23
C	3	4	9	10	15	16	21	22

A、B、C 三组比赛的先后顺序由抽签排定。

②如果没有报名成绩，一般按各单位报名表上某一项目运动员的先后顺序排列，然后用“斜线通过法”进行分组。

如：女子 100 米预赛 24 人，分三组。先按表三 2 将各单位运动员列入表内。然后按表三2中的1、2、3……顺序分成三组列入表三3中。表三2、表三3中的1、2、3……是斜线通过所走的顺序，而不是运动员号码。

表三2　　　　　　斜线分组法（1）

分组 序号 单位 / 各单位运动员顺序	北京	上海	天津	武汉	西安	成都	广州	沈阳
按报名表先后顺序排列	1	9	18	4	12	21	7	15
	16	2	10	19	5	13	22	8
	24	17	3	11	20	6	14	23

表三3　　　　　　斜线分组法（2）

从1开始	1、2、3、4、5、6、7、8	为一组
	9、10、11、12、13、14、15、16	为一组
	17、18、19、20、21、22、23、24	为一组

③不分道的中长跑项目，一般不分组。如人数较多需要分组，也可按上述方法进行。

（3）分道方法：

①一般大型比赛径赛运动员的分道和不分道项目运动员的起跑位置，均由技术代表或其指定的委托人抽签决定。具体方法是：

A. 第一赛次无报名成绩，则统一抽签排定1～8道；

B. 第一赛次有报名成绩和预赛后的后继赛次均按两次抽签排定道次。第一次将成绩较好的前4名（队或人），抽签排定3、4、5、6道；第二次将成绩较差的后4名（队或人），抽签排定1、2、7、8道。不足8人时，仍按上述方法抽签排定。

②基层比赛，第一赛次一般在赛前由编排组事先排定并印在秩序册上。后继赛次由编排组按成绩优劣根据表三4所示排定道次。

表三 4

八道按成绩安排道次									六道按成绩安排道次						
道次	一	二	三	四	五	六	七	八	道次	一	二	三	四	五	六
直道	8	5	3	1	2	4	6	7	直道	6	3	1	2	4	5
弯道	6	4	1	2	3	5	7	8	弯道	5	3	1	2	4	6
400米栏	8	5	2	1	3	4	6	7	400米栏	6	4	2	1	3	5
4×100米	8	3	1	2	4	5	6	7	4×100米	6	3	1	2	4	5

6. 田赛项目分组

（1）田赛项目比赛一般不分组。在一些主要比赛中，如参赛人数较多而确有必要时，抽签分成两个或两个以上的组进行及格赛。如有足够的设备以供两组比赛并且条件相等时可同时进行。否则，应在第一组比赛结束后立即开始进行第二组的比赛。运动员试跳（掷）的顺序由大会抽签排定。

（2）在一般运动会中，如场地条件许可，可把运动员分成两个组，同时同方向进行三轮试跳或试掷。若条件不许可，则可分先后组进行前三轮试跳或试掷。然后在两组中按成绩择优录取8名运动员，合并参加后三轮的试跳或试掷。

（3）在有些运动会的跳高比赛时，有的运动员用沙坑，有的运动员用海绵包。那就要分成两组进行。但高度的升高计划必须相同。

（三）竞赛日程的编排

1. 编排原则

（1）径赛每一赛次的最后一组赛完至下一赛次的第一组或决赛开始前，应按下列最低标准给予运动员休息时间。

200 米及 200 米以下项目为 45 分钟；

400 米～1000 米的项目为 90 分钟；

1000 米以上的项目不在同一天进行。

（2）全能运动各单项比赛的间隔至少为 30 分钟；第一天最后一项结束至第二天第一项比赛开始，至少有 10 小时的间隔时间。

（3）在会期超过 3 天的比赛中，跳跃高度项目的及格赛与决赛之间建议安排一天休息。

（4）按兼项的一般规律，把性质相近的项目分开编排，以减少兼项的冲突，并应注意比赛的先后顺序。例如：先推铅球后掷铁饼；先跳远后三级跳远。

（5）在径赛项目中，不同组别的同一项目，如男子 100 米跑和女子 100 米跑，最好衔接起来进行，这样有利于起终点裁判的工作和场地器材的布置。

（6）在田赛项目中，不同组别的同一项目，不要安排在同一场地上同时进行，即男女必须分开，不得合并。

（7）两个长投项目不得安排在同时进行，以避免由于相对投掷发生伤害事故。

（8）跨栏项目的比赛，一般排在每一场比赛的第一项或长距离比赛之后。

（9）决赛和比较精彩的项目尽量分开排列，使比赛场上始终保持热烈、活跃的气氛。

(10) 比赛场地的布局，应照顾到全场观众的观看，防止出现一端集中而另一端空场的现象。

(11) 跳跃高度项目一般比赛时间较长，在参赛人数较多时，应排在上午进行或下午提前进行。尽量避免斜阳照射，影响视线。

(12) 如场内有跳高和掷标枪比赛时，尽量不安排长距离跑项目的比赛。

(13) 长跑比赛应充分考虑气温因素，应安排在最适宜的气温条件下进行。

(14) 每一单元（半天）比赛，尽可能使田赛和径赛同时结束。

2. 编排竞赛日程的步骤和方法

(1) 首先要估算各项比赛所需的时间和全部比赛所需的时间。一般大型比赛每个项目比赛时间的估算可参考表三 5。

表三 5

径赛		田赛	
项目	需要时间	项目	需要时间
100 米～400 米	每组 4′～5′	跳高	8′～10′×总人数
800 米	每组 6′～8′	撑竿跳高	13′～15′×总人数
1500 米	每组 8′～10′	跳远	3′×（总人数+8）
3000 米（包括障碍赛）	每组 16′～20′	三级跳远	3′×（总人数+8）
5000 米	每组 20′～25′	推铅球	3′×（总人数+8）
10000 米	每组 40′～50′	掷铁饼	4′×（总人数+8）
各项跨栏（不包括置栏时间）	每组 5′～6′	掷标枪	4′×（总人数+8）
		掷链球	4′×（总人数+8）
各项接力跑	每组 10′～15′		
5000 米竞走	每组 30′～35′		
10000 米竞走	每组 60′～70′		
20000 米竞走	每组 120′～140′		

根据上表，可视运动员水平及具体情况，在时间上有所变动。尤其是普通小学生比赛，在估算时间上酌情减少。

（2）抄写每个项目所有赛次的“竞赛项目牌”。项目牌可根据各个组别采用各种彩色硬纸制作。具体抄写格式见表三6。

表三6　　竞赛项目牌

1	男子	100米预赛	30人	4组
2	男子	100米复赛	16人	2组
3	男子	100米决赛	8人	1组
……				
20	女子	铁饼决赛	12人	1组
……				
40	女子	800米七项之七	12人	2组

在抄写项目牌时，要按竞赛项目逐个抄写，一个项目有几个赛次，就要抄写几张。全能每个单项写一张。项目牌必需核对正确，不能遗漏。

（3）项目牌抄好后，按先全能后单项、先径赛后田赛的顺序，把全部项目分别排到各个单元（以半天为一个单元）。

（4）核算时间，按照编排原则进行调整。基层运动会会期短，应把兼项的矛盾降低到最小。

田径比赛用表名目众多，这里列举几份必须准备的表格（见表三7、8、9、10、11、12）供参考。格式可根据需要自行设计。

表三 7 **起终点用表**

男
女 米 赛 第 组

道次	一	二	三	四	五	六	七	八	九
号码									
名次									
成绩									

检录员： 检录长：

表三 8 **径赛成绩记录卡片**

________组__________米 （女）

号码	姓名	单位	最近成绩

赛别	组别	道次	电计时	手计时		决定成绩	名次	备注
			成绩	表号	成绩			
预			分 秒			分 秒		
复			分 秒			分 秒		
决			分 秒			分 秒		

总裁判： 计 时 长： 年 月 日

径赛裁判长： 终点裁判长：

表三9 高度成绩记录表（跳高、撑竿跳高通用）

项目：　　　　　　　　　　　　　　　　　　　　　月　　日

号码	姓名	单位															失败总次数	成绩	名次	备注

名次	号码	姓名	国家/地区	成绩	备注	签字
1						
2						田赛裁判长______
3						主裁判______
4						技术官员______
5						记录员______
6						
7						
8						

注：使用时此表放大印制在8开纸上。

表三 10　　　　田赛远度成绩记录表

项目：　　　　　组别：　　　　　　　　　　　月　　日

号码	姓名	单位	第一次	第二次	第三次	前三次最好成绩	第四次	第五次	第六次	比赛最好成绩	名次

名次	号码	姓名	单位	成绩	备注	签字
1						
2						主裁判______
3						
4						田赛裁判长______
5						
6						技术官员______
7						
8						记录员______

表三 11　　　　各单项前六名成绩记录表

组别：

名次 项目		一	二	三	四	五	六
100 米	姓名						
	单位						
	成绩						
200 米	姓名						
	单位						
	成绩						
400 米	姓名						
	单位						
	成绩						
800 米	姓名						
	单位						
	成绩						
1500 米	姓名						
	单位						
	成绩						
3000 米 5000 米	姓名						
	单位						
	成绩						
110 米栏 100 米栏	姓名						
	单位						
	成绩						
跳高	姓名						
	单位						
	成绩						
跳远	姓名						
	单位						
	成绩						
三级跳远	姓名						
	单位						
	成绩						
铅球	姓名						
	单位						
	成绩						
铁饼	姓名						
	单位						
	成绩						
标枪	姓名						
	单位						
	成绩						
4×100 米接力	单位						
	成绩						

表三 12

团体总分记录表

组别：

项目 分数 单位	100米	200米	400米	800米	1500米	3000米 5000米	110米栏 100米栏	跳高	跳远	三级跳远	铅球	铁饼	标枪	4×100米接力	总分	名次	备注

第二节　田径运动竞赛裁判法

裁判工作在田径运动竞赛中起着重要的作用，裁判工作的优劣直接影响着竞赛的顺利进行和运动员技术水平的发挥。在比赛中，裁判员不仅是名次和成绩的裁定者，同时又是比赛的组织者和体育道德风尚的宣传者。因此，裁判员必须认真学习，深入钻研田径竞赛规则和裁判法。在工作中应加强岗位责任制，做到严肃认真、公正准确、谦虚谨慎、团结协作，树立为运动员创造优异成绩服务的思想。

一、赛前的准备工作

（一）选聘裁判员。根据比赛的级别和规模选聘裁判员。

（二）组织裁判员学习。学习竞赛规则、竞赛规程，研究裁判方法，明确分工，制定工作计划。

（三）检查场地器材，并根据检查结果，提出修整和添置器材的意见。

（四）现场实习或进行联合调试。

（五）开好各种会议

1. 各组主裁判及主裁判以上裁判长会议；

2. 全体裁判员会议和裁判小组会议；

3. 各代表队领队、教练员会议或称“技术会议”。

二、编排记录与成绩公告工作

编排记录与成绩公告，实际上是两个部分的工作。编排工作侧重于赛前——从比赛的准备工作到编印出秩序册（这部分内容在本章第一节中已经详细阐述)。记录和成绩公告工作侧重于赛中和赛后。一般可分为总记录员、临场编排员、成绩公告员、计算机操作员。他们各自的职责如下：

(一) 编排记录成绩公告主裁判

1. 领导全体裁判员学习，拟定工作计划和明确分工。

2. 拟定秩序册内容提纲和竞赛日程。

3. 审查各种比赛表格。

4. 审核各项比赛成绩及名次。

5. 比赛期间检查督促各小组工作，及时解决工作中出现的问题。

6. 比赛结束后及时将比赛成绩情况告知总裁判长并报竞赛部门。

7. 组织编印成绩册，分发各队及有关部门。

8. 领导本组裁判员做好工作总结，清点物品及时归还。

(二) 总记录员

1. 比赛前

(1) 准备各种表格。

(2) 赛前一天或半天，按每个单元的比赛秩序，将径赛的各项卡片和田赛成绩记录表整理好，在赛前分别交赛前控制中心(检录)主裁判和田赛裁判长。

2. 比赛中

(1) 每项比赛结束后，核对成绩和名次，复写成绩报告单一式4份，分别交宣告、发奖、公告和留存。

(2) 及时填写总成绩记录表、团体总分表，最后计算团体总分和名次。

（3）统计破纪录情况和达技术等级情况，并填写成绩证明单。

（4）在有些比赛中还要求写奖状。

3．赛后

（1）整理各种竞赛成绩资料。

（2）编印成绩册。

（三）临场编排员

1．收到径赛项目预、次、复赛成绩后，按录取名额的规定，立即录取参加下一赛次运动员的名单（抽出卡片），并进行分组和分道（编排的方法同前）。一般要一式5份，分别送宣告、公告、公报、检录（连同卡片）和留存。

2．田赛及格赛后，参加决赛运动员的比赛顺序，经大会重新抽签排定后，及时公布。

（四）成绩公告员

1．赛前布置好成绩公告栏，张贴有关表格和准备好浆糊等有关物品。

2．张贴各项各赛次和各组的成绩，以及田赛及格赛后参加决赛运动员的名单和径赛预赛后后续赛次运动员的名单。

3．根据成绩报告单，登记前八名（或前六名）成绩和团体总分。

（五）计算机操作员

在田径比赛中，为了加快各项竞赛信息的处理、传输和公告工作，均使用计算机系统参与计时、计分、传输比赛成绩、编排比赛进程以及向观众、广播及电视等新闻媒介传递竞赛信息。

目前田径比赛中的计算机应用，许多信息还须手工填写、人工传递录入，尚属半自动化。就此而言，比赛成绩处理的速度也就大大加快了。

在高水平的田径比赛中，由于应用了计算机，已经基本上不用口述笔记，这不仅避免了口误和笔误，而且大大加快了竞赛信息的传递速度。

三、赛前控制中心（检录）裁判

任务：

（一）按竞赛日程排定的各项比赛时间和技术手册规定的各项检录时间，召集运动员到赛前控制中心检录。

（二）按“规则”规定，对运动员做好各项检查工作。

（三）准时将运动员带至比赛场地交有关项目裁判员控制。

职责与工作方法：

（一）主裁判全面负责本组工作。赛前向编排记录组领取半天的检录表。

（二）主裁判带领全体检录员布置好检录处；拟定好运动员须知和检录时间表。一般检录时间如下：

项目	检录开始时间	检录结束时间	到达赛场时间
径赛	提前 30 分钟	提前 20 分钟	提前 15 分钟
田赛	提前 40 分钟	提前 30 分钟	提前 25 分钟
撑竿跳高	提前 60 分钟	提前 50 分钟	提前 45 分钟

（三）主裁判处理检录工作中的有关问题。

（四）检录员在规定的检录时间内，检查运动员的号码、服装、比赛用鞋及包内的物品等。

（五）如用电动计时必须让运动员戴好侧胯号；如长距离跑应用“小号码”。

（六）按时将运动员带到各项比赛场地。如是4×100米接力，应将运动员分别带到各接力区。并将检录单交各区检查员。

（七）运动员如有物品保管，应及时送至赛后控制中心。

四、赛后控制中心裁判

任务：

（一）召集已结束比赛的运动员及时退场，确保赛场的正常秩序。

（二）及时归还运动员的衣物等个人物品。

（三）组织好各项决赛获奖运动员并引领至发奖处。

（四）协助兴奋剂检查和新闻采访工作有条不紊地进行。

职责与工作方法：

（一）主裁判全面负责本组的工作。组织本组裁判员学习，明确分工，制定工作计划。

（二）主裁判赛前检查落实有关设施及所需的器材和物品。并负责与有关裁判组联系，协调工作，及时解决有关问题。

（三）负责终点管理裁判员及时召集和引导比赛结束的径赛运动员离开终点区域，进入赛后控制中心。

（四）负责物品归还。裁判员负责接收并保管由赛前控制中心和径赛起点送来的运动员服装和有关物品。赛后按运动员的号码准确无误地归还。

（五）负责协调管理裁判员及时将田赛项目比赛中被淘汰的运动员经赛后控制中心离开赛场。

（六）协调管理裁判员将各项获奖运动员控制好。按大会要求，有序地把他们带至发奖处；同时协助兴奋剂检查和新闻中心，管理好有关的运动员。

五、径赛裁判法

（一）径赛裁判长

任务：

领导发令、终点、手计时、终点摄影计时、检查、终点记录及风速测量等各裁判组及有关终端操作员的工作，掌握比赛进程，解决径赛项目比赛中出现的问题。

职责与工作方法：

1. 在总裁判长领导下，执行规则和规程中的各项规定。处理发生于比赛期间的有关径赛的问题。

2. 当裁判员对名次判定意见不一致时，有权决定最后名次，但不能代替裁判员的职能。若对犯规运动员的录取资格及其他疑难问题不能解决时，应签署意见报总裁判长裁决。

3. 对犯规或有不正当行为、或违反体育道德的运动员进行判罚。警告使用黄牌，取消比赛资格使用红牌。若取消运动员的比赛资格，应报总裁判长审定。

4. 认为某项比赛不公允时，有权宣布该比赛无效，并作出重赛的决定。在作出决定前，应向总裁判长报告。

5. 对有关径赛的抗议作出裁决。

6. 每项（组）比赛后，立即审核比赛成绩并签名。

（二）发令员

任务：

1. 根据比赛时间，组织各项竞赛运动员按时进行比赛。

2. 保证每组运动员在机会均等的条件下起跑。

3. 执行有关起跑的规定，警告与取消犯规运动员资格。

职责与工作方法：

1. 主发令员对径赛裁判长负责，组织全组学习和实习，明确分工。

2. 主发令员负责解决运动员起跑时的有关问题。有权对起跑犯规的运动员发出警告或取消其比赛资格。

3. 主发令员负责与其他裁判组进行联系。

4. 发令员在主发令员的领导下，按照分工独立完成发令工作。发令员在发令时应注意如下几点：

(1) 发令员的口令要清晰洪亮。“各就位”要拉长一些，“预备”口令要平稳短促。从预备到鸣枪的时间是以全体运动员身体稳定为准。举枪应举到烟屏中央稍下一点，鸣枪后稍停片刻再放下。一旦发现运动员犯规，立即鸣枪召回（800 米以上的项目，发令没有“预备”口令）。

(2) 800 米跑和 4×400 米接力跑前，发令员应向运动员讲清抢道线标志和接力区的位置。

(3) 选择好发令员的位置，一般应遵循以下原则：

①能清楚地观察到所有运动员起跑动作。

②能使所有的运动员都清楚地听到发令员的口令和枪声。

③能使计时员清楚地看到发令枪烟。

④发令员的站位至各运动员的距离应大致相等。

5. 召回发令员协助发令员监督参赛运动员起跑时有无犯规，如有运动员犯规，应在发令员鸣枪之后，再次鸣枪召回运动员，或用其他信号召回。

6. 助理发令员负责接受参赛运动员，并检查运动员参加的项目、组别、道次和号码。

7. 助理发令员根据检录表安排运动员的道次和起跑位置，安排运动员站在起跑线后约3米处集合（如梯形起跑，则在各自起跑线后约3米处）。完成这项工作之后，应向发令员示意，一切准备就绪。如需重新起跑，助理发令员应重新召集运动员。

8. 在接力比赛时，助理发令员应负责为第一棒运动员准备接力棒。在4×400米接力比赛时，应组织和检查各棒运动员的起跑位置。接棒运动员的起跑位置是根据前一棒同队队员在200米起点处进入弯道时所处的位置排列。当最后一棒运动员到达终点后，收回接力棒。

9. 当发令员发出“预备”或“各就位”口令时，如发现运动员的手或脚触及起点线或起点线前的地面，助理发令员应用信号及时通知运动员。

（三）终点裁判员

任务：

终点裁判员的任务是准确迅速地判定径赛运动员到达终点的名次，并担任1500米以上项目的记圈工作。

职责与工作方法：

1. 终点主裁判领导全体终点裁判员判定运动员到达终点的名次。终点主裁判应负责判定总名次，如与裁判员判定名次不一致时，主裁判可作出决定。如再有疑问应报径赛裁判长解决。

2. 主裁判根据不同的比赛项目，明确裁判员的分工、职责和工作方法。

3. 主裁判在每项径赛开始前，向终点裁判员提示比赛的项目、组别、赛次、该组运动员的人数和道次分布情况。

4. 终点裁判员在主裁判的领导下，认真观察和判定各自负责认看的名次。在中长距离比赛时做好记圈工作。

5. 终点裁判员的位置应在终点线的延长线上，如有可能终点台离终点线近端至少 5 米，最好与计时员在同一侧。

终点裁判员判定名次的方法一般有：

1. 在短距离跑比赛时，一般采用按名次分工法（即定名次报道次法）。

2. 在 800 米和 1500 米比赛中，如运动员人数超过 8 人，首先保证前六名有专人负责，其余名次可采用一名裁判报、一名裁判记录的方法。此法虽同属名次分工，但它是定名次报号码。如不超过 8 人则采用按道次分工，人盯人到底的方法（即定道次报名次法）。

3. 在长距离跑时，一般采用的方法有：

（1）人盯人法

（2）总表记录法

（3）棋盘记录法

长距离跑比赛判定名次的方法还有多种，但无论采用哪种方法，都必须考虑细致，安排周全，杜绝任何差错。因此，要注意以下几点：

1. 要与检录组协调，编好小号码，而且一定要严格要求运动员把小号码四角拉平。

2. 要坚持终点裁判工作区域的绝对安静，防止干扰。

3. 比赛一开始首先核对运动员的人数，比赛中随时注意运动员名次的变化，特别要注意运动员脱圈情况。

4. 选择一名头脑清楚、反应敏捷、记忆力好的裁判员当报圈员。他在终点举牌或口头通知每名运动员尚剩圈数。当运动员还剩最后一圈时，应用铃声或其他信号通知所有运动员。

5. 终点主裁判要加强各裁判组之间的观察和联系，掌握赛场的情况，及时处理比赛中的疑难问题。

（四）计时裁判员（以手计时为例）

任务：

准确计取径赛项目运动员的分段及全程比赛成绩。协助终点裁判员做好长距离跑和竞走项目的记圈工作。

职责与工作方法：

1. 计时主裁判在径赛裁判长领导下，负责全组学习和实习。并根据计时员的人数、分道数和中长跑比赛运动员的人数，进行分工，确定工作方法。

2. 在每组比赛前计时主裁判把成绩记录卡分发给各计时小组。比赛时计取第一名成绩。每组比赛结束后收取并审核成绩记录卡。签字后交径赛裁判长。

3. 计时员拿到成绩记录卡后，首先要核查成绩记录卡与参赛组别是否相符，当运动员走向起跑线时，主裁判应通知计时员“运动员上道”，此时计时员先认看本道次有无运动员，接着注视烟屏，当发令员举枪时，主裁判再次提示“举枪”，计时员见枪烟即开表。如发现秒表发生故障，应立即报告主裁判。

4. 当运动员跑到终点线约 20 米处时，计时员视线的主光注视终点线后沿，用余光注视本道次的运动员，当本道次运动员的躯干触及终点线后沿垂直面的瞬间停表。停表后，计时员继续跟踪并核对该道运动员的号码，然后将各自记取的成绩填入“成绩记录卡”交主裁判。

5. 计时员应独立工作，不得相互对表，如遇破纪录，计时员应立即报告主裁判检查，再让径赛裁判长审核，听到计时主裁判“回表”的口令后方可回表。

6. 在可能情况下，应计取所有参赛运动员的分段成绩，800 米、1500 米计取每一圈成绩，3000 米及 3000 米以上项目应计取每 1000 米成绩。并指定专人根据上述规定给领先运动员报时。

7. 一般计时的方法有如下几种：

(1) 按道次分工法——一般用于分道项目的比赛。

(2) 按名次分工法——一般用于不分道的中距离跑项目的比赛。

(3) 人盯人法——主要用于长距离跑项目的比赛。

(4) 总表和分表结合法。另外还有循环计时法和读表法。

（五）终点摄影计时裁判员（略）

（六）检查裁判员

任务：

检查裁判员的主要任务是赛前复查径赛场地、设备和器材，赛中检查运动员有无犯规。

职责与工作方法：

1. 检查主裁判领导全体检查裁判员复查各径赛的起点、终点、接力区、抢道线、栏间距离和栏架等场地器材设备等。

2. 主裁判确定检查裁判员的位置和检查区域。

3. 主裁判在每组径赛比赛前后，用旗示与检查裁判员联系，如有犯规，应亲临现场，根据检查裁判员的报告提出处理意见，并立即报告径赛裁判长。

4. 主裁判负责与其他裁判组联络。

5. 检查裁判员在主裁判的领导下，按主裁判分配的任务和位置，负责检查径赛运动员有无犯规，如发现运动员犯规时，应立即标明犯规地点，记下犯规运动员的号码及道次和被影响运动员的号码及道次，并向检查主裁判举旗示意，如实报告犯规的情况。

6. 检查裁判员检查的重点

短跑项目：

（1）可能发生串道、跌倒或其他动作影响他人。

（2）弯道跑时踏上左侧分道线或内侧分道。

中长跑项目：

（1）有意挤撞和阻碍他人跑进。

（2）未过抢道标志线提前切入里道。

（3）不合理的超越。

（4）伴跑。

（5）退出跑道后又继续跑进。

跨栏跑项目：

（1）在跨越栏架时其脚或腿低于栏顶水平面。

（2）故意用手推倒或用脚踢倒栏架。

（3）未跨越规定数量的栏架或跨越邻道栏架。

（4）手臂的摆动影响他人。

接力跑项目：

（1）未在接力区内完成传接棒（以棒为准）。

（2）用抛掷方式传接棒。

（3）掉棒后，不是由原掉棒人捡起再跑进，或未持棒跑完全程。

（4）传接棒后离开跑道时阻挡他人跑进。

（七）终点记录裁判员

任务：

终点记录员的主要任务是在径赛项目每组比赛结束后，迅速准确地整理记录比赛资料和信息，交径赛裁判长和技术官员审核后由宣告员宣告。

职责与工作方法：

1. 每项比赛开始前，接受赛前控制中心（检录）送来的“起终点用表”和“径赛成绩卡”，并检查整理好。

2. 每组比赛结束后，向计时主裁判和终点主裁判收集成绩记录卡和名次报告表，并了解运动员有无犯规情况。如有犯规，应将“检查报告表”附在成绩记录卡上。

3. 按终点名次排列成绩卡片，并填写“径赛用表”（或“起终点用表”）。如发现成绩与名次不符，应交径赛裁判长解决。

六、田赛裁判法

（一）田赛裁判长

任务：

领导田赛各项主裁判及全体裁判员做好裁判工作。掌握比赛进程，解决各项田赛比赛中出现的问题。

职责与工作方法：

1. 在总裁判长的领导下，执行规则和规程中的各项规定。处理发生于比赛期间的有关田赛的问题。

2. 比赛前领导田赛项目的各裁判组学习，研究裁判工作方法，明确分工，并有计划地组织现场实习。

3. 严格检查场地器材，以及所需的用具和物品。

4. 协同总裁判长拟定跳高、撑竿跳高的起跳高度和横杆升高计划。

5. 比赛中监督创纪录的成绩丈量。每项比赛结束应审核所有有关成绩，并在成绩单上签名。

6. 裁判长应对有关比赛的抗议作出裁决。如不能解决时，应立即报请总裁判长裁决。

7. 有权对有不正当行为的运动员提出警告或取消比赛资格。给予运动员警告可出示黄牌，取消比赛资格可出示红牌。

8. 倘若裁判长认为条件不宜比赛，他有权变更比赛场地。但此种变更应在赛完一轮之后进行。

（二）跳跃高度项目裁判员

任务：

在田赛裁判长领导之下，执行田径竞赛规则的有关规定，保证跳高、撑竿跳高比赛顺利进行。

职责与工作方法：

1. 主裁判长领导本组裁判员学习和实习，明确分工，准备好场地器材。确保贯彻执行田径竞赛规则。

2. 向运动员宣布起跳高度和横杆升高计划及比赛注意事项。

3. 掌握比赛进程，监督丈量高度，处理比赛中的争议。如不能解决，应及时报田赛裁判长。

4. 审核成绩和录取名次，并在成绩单上签名。

5. 根据规则判定运动员试跳成功与失败。成功举白旗，失败举红旗。并在成绩记录表上清楚地记下成功或失败的符号。

6. 负责放置横杆和横杆的升降，并丈量高度。跳高比赛时，放置横杆和丈量高度应注意以下几点：

（1）横杆两端与立柱之间至少有 1 厘米的空隙（如图三 1）。

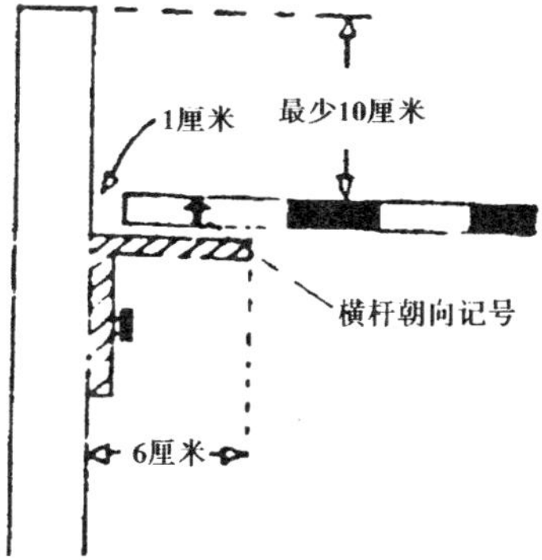

图三 1

（2）横杆两端的各个面始终朝向各自原定放置的方位。

（3）横杆高度丈量后，如横杆曾被触及，裁判员在每次后继试跳之前，必须再次审核丈量。

（4）如遇破纪录，应报田赛裁判长复核高度。

7. 裁判员负责控制每位运动员每次试跳的时限。

8. 管理好比赛现场的秩序。及时组织被淘汰运动员退场。

（三）跳跃远度项目裁判员

任务：

在田赛裁判长领导下，根据田径竞赛规则的有关规定，认真负责，准确无误地完成跳远和三级跳远的裁判工作。

职责与工作方法：

1. 主裁判领导本组裁判员学习和实习，明确分工，并严格按田径竞赛规则规定完成跳远和三级跳远的裁判工作。

2. 掌握比赛情况，控制比赛进程，督察成绩丈量工作。

3. 审核成绩和录取名次，并在成绩单上签字。如有破纪录，应及时报田赛裁判长复核成绩。

4. 根据规则负责判定运动员试跳成功与失败。成功举白旗，并丈量、记录成绩；失败举红旗，并在成绩记录表上记录失败符号。

5. 裁判员负责控制每位运动员每次试跳的时限。

6. 管理好比赛现场的秩序。及时组织被淘汰运动员退场。

（四）投掷项目裁判员

任务：

在田赛裁判长领导下，根据田径竞赛规则的有关条款，认真负责，准确无误地完成推铅球、掷铁饼、掷标枪和掷链球等项目的裁判工作。

职责与工作方法：

1. 主裁判全面领导裁判组工作，组织本组裁判员学习和实习，负责分配裁判员的工作岗位及任务。

2. 负责检查场地、器材和仪器设备等。

3. 比赛中掌握比赛情况，控制比赛进程，处理比赛中发生的问题。

4. 审核比赛成绩和名次，并在成绩单上签字。如有破纪录，应及时报田赛裁判长复核成绩。

5. 根据规则规定判定运动员的试掷是否有效，试掷成功举白旗并丈量和记录成绩；失败举红旗并在成绩记录表上记录失败符号。

6. 裁判员负责控制每位运动员每次试掷的时限。

7. 管理好比赛现场的秩序，及时组织带领被淘汰运动员退出比赛场地。

8. 在各项投掷比赛中，裁判员应注意的问题：

推铅球比赛中裁判员应注意的问题：

(1) 推铅球应从肩部用单手推出。不得有抛和甩的动作。

(2) 推铅球不允许使用手套，为防止脊柱受伤，允许运动员使用腰带。

(3) 在推铅球过程中，内场裁判员除了观察运动员的上肢动作外，重点要盯住两脚，直至运动员走出投掷圈。切记不要看器械落地。

(4) 如运动员采用旋转推铅球技术，裁判员要观察运动员的脚是否有触及投掷圈上沿而犯规的现象。

掷铁饼比赛中裁判员应注意的问题：

(1) 允许运动员按自己选定的任何技术进行投掷。但必须在投掷圈内进行。

(2) 掷出的铁饼碰到了挡网又落在了角度线内，应判作该次试掷有效。

(3) 为确保安全，内场裁判员应在挡网外执判，重点观察运动员的下肢动作。

掷标枪比赛中裁判员应注意的问题：

(1) 掷标枪应从肩部或投掷臂上方掷出，不得抛甩。在标枪未出手之前，身体不得完全转向背对投掷弧。

(2) 运动员必须在规定的助跑区域内助跑。

(3) 按规则要求，标枪落地时，枪尖先触地试掷方为有效。因此，标枪落地时，枪身与地面应形成一定的角度。但有时着地角度非常小，这就要求裁判员必须仔细观察。

（4）如标枪尚未着地，运动员就离开助跑道，应判为该次试掷失败。

（5）如标枪在试掷时或在空中折断，不应算作试掷失败。由此引起运动员失去平衡而造成犯规，也不算作试掷失败。

掷链球比赛中裁判员应注意的问题：

（1）运动员进入投掷圈后，准许将球体放在圈内或圈外地面，或不接触地面开始投掷。

（2）在试掷过程中，球体触及地面但未终止投掷，不应判为试掷失败。

（3）在试掷过程中，钢链折断或出手后钢链在空中折断，均可重新试掷。由此引起运动员失去平衡而造成犯规，不应判为试掷失败。重新试掷时，其时限也应重新算起。

（4）在试掷过程中，链球球体触及护笼后又落在了角度线内，应判作该次试掷有效。

（5）掷链球落点是否有效，是以链球的球体是否完全落在投掷区角度线内沿以内为准。

七、各项竞赛的成绩计取方法与计量单位

（一）计时

成绩计取方法：

1. 计时应从发令枪发出的烟或闪光开始。直到运动员的躯干（不包括头、颈、臂、手、腿和脚）的任何部分到达终点线后沿垂直平面的瞬间为止。

2. 正式计时的方法有手计时与全自动电子计时两种。当两种方法同时使用时，全自动电子计时应作为正式比赛成绩，

除非终点摄影裁判判定该设备明显不准确，在此情况下，后备计时员计取的成绩可以成为正式成绩。

3. 在采用手计时时，三只秒表中有两只秒表所计成绩相同，应以两只秒表所示的成绩为准；如三只秒表所计成绩各不相同，则应以中间成绩为准；如只有两只秒表，所计成绩又各不相同时应以较差的成绩为正式成绩。

4. 全自动电子计时方法略。

成绩计量单位：

凡在跑道上进行的各项手计时，采用 1/100 秒的秒表或人工操作的数字式电子秒表计时时，应判读到 1/100 秒并记录到 1/10 秒。在作为正式成绩公布时只要百分位秒不是零，就应进位换算成较差的 1/10 秒，如 10.11 秒应进位成 10.2 秒。部分或全部在场外举行的径赛，其手计时成绩应进位成比较差的整秒，如马拉松 2∶09∶44.31 应进位成 2∶09∶45。

（二）跳高、撑竿跳高

丈量方法：

须使木尺与地面垂直。从地面量至横杆上沿的最低处计算成绩。

成绩计量单位：

以 1 厘米为最小计量单位。不足 1 厘米不计。

（三）跳远、三级跳远

丈量方法：

须从运动员身体任何部分着地的最近点至起跳线或起跳线的延长线成直角丈量。

计量单位：

以1厘米为最小计量单位。不足1厘米不计。

（四）投掷项目

丈量方法：

须从器械着地的最近点取直线，通过圆心，以着地点至投掷圈（或起掷弧、或抵趾板）内沿的距离为准。

计量单位：

推铅球、掷铁饼、掷链球、掷标枪以1厘米为最小计量单位。不足1厘米不计。

八、各项竞赛的名次判定与成绩相等的处理方法

（一）径赛的名次判定与成绩相等的处理方法

1. 径赛项目中，判定运动员的名次，应以身体（指躯干，非指头、颈、臂、手、腿和脚）任何部分抵达终点线后沿垂直面的顺序为准。

2. 径赛项目是以决赛成绩作为该项最后名次的成绩，而不是以预、次、复赛成绩判定名次。

3. 在径赛的预、次、复赛中，按成绩录取下一赛次时，当手计时决定成绩出现相等时，应根据判读的1/100秒成绩处理。如1/100秒成绩也相等，如对下一赛次人数没有影响，则成绩相等的运动员都应录取；如实际条件不允许，则抽签决定进入下一赛次的人选。

4. 在决赛中出现第一名成绩相等，而无法判定名次时，裁判长有权决定这些成绩相等的运动员重赛。如无法重赛，则名次并列。其他名次成绩相等时，则并列。

（二）田赛远度项目的名次判定与成绩相等的处理方法

1. 田赛远度项目的名次是以该次比赛，该项目全部试跳（掷）中，每名运动员最好的一次试跳（掷）成绩，包括第一名成绩相等决名次的试跳（掷）成绩，为其最后的决定成绩，然后按运动员个人最高成绩排列。

2. 在以远度判定成绩的田赛项目中，如成绩相等，应以其次优成绩判定名次，如次优成绩仍相等，则以第三较优成绩判定，依次类推。如仍相等，并涉及第一名者，则令相等的运动员，按原比赛顺序，进行新的一轮试跳（掷），直到决出名次为止。

（三）田赛高度项目的名次判定与成绩相等的处理方法

1. 在田赛高度项目中，每名运动员应以其最好的一次试跳成绩，包括第一名成绩相等决名次赛的试跳成绩，作为其最后的决定成绩，然后以运动员个人最高成绩排列名次。

2. 如两人或两人以上成绩相等，则按下列方法处理：

（1）在出现成绩相等的高度中，试跳次数较少者名次列前。

（2）如仍然相等，在包括最后跳过的高度在内的全赛中，试跳失败次数较少者名次列前。

（3）如仍不能判定，则按下列办法处理：

①如涉及第一名时，则令成绩相等的运动员在其造成成绩相等失去了继续试跳权利的最低失败高度上，每人再试跳一次；如仍不能判定，则横杆应降低或提升 2 厘米（跳高）、5 厘米（撑竿跳高）进行试跳，在每个高度上，每人只能试跳一次，直至决出名次为止。决定名次的试跳，有关运动员必

须参加（见例 1）。

跳高—例 1

运动员	计算失败次数						失败总次数	决名次试跳			名次
	1.75	1.80	1.84	1.88	1.91	1.94		1.91	1.89	1.91	
A	0	×0	0	×0	×××		2	×	0	×	2
B	—	×0	—	×0	—	×××	2	×	0	0	1
C	—	0	×0	×0	×××		2	×	×		3
D	—	×0	×0	×0	×××		3				4

②涉及其他名次时成绩相等的运动员名次并列（见例 2）。

跳高—例 2

运动员	1.78	1.82	1.85	1.88	1.90	1.92	1.94	失败总次数	名次
A	—	×0	0	×0	—	××0	×××	4	2=
B	0	0	0	×—	×0	××0	×××	4	2=
C	0	0	×—	0	××0	××0	×××	5	4
D	0	—	—	××0	××0	×0	×××	5	1

（四）全能项目的名次判定与成绩相等的处理方法

1. 全能项目以各运动员全部单项得分的总和排列名次。总积分多者名次列前。

2. 如总积分相等，应以单项得分多的项目较多者名次列前。

3. 如仍不能判定，则以任何一个单项得分最高者名次列前。

（五）团体总分名次的判定与总分相等的处理方法

1．各单项决赛一般录取六至八名，除大会另有规定外，可分别按7、5、4、3、2、1，或9、7、6、5、4、3、2、1计分。总积分较多者列前。

2．如总分相等时，应以破纪录项、次多者名次列前；若再相等，则以第一名多者列前；若仍相等，则以第二名多者列前，依次类推。

九、田赛项目裁判工作中几个特殊问题的处理

（一）关于“兼项”的处理

如果一名运动员同时参加一项径赛和一项田赛或多项田赛，有关裁判长每次可以允许该运动员在运动项目的某一轮比赛中，或在跳高和撑竿跳高的某一次试跳中以不同于赛前抽签的顺序进行试跳（掷）。如果运动员后来又决定不参加试跳（掷），或轮到其试跳（掷）时不在场，一旦该次试跳（掷）时限已过，应视其试跳（掷）失败。

（二）关于“延误比赛时间”的处理

在田赛所有项目比赛时，运动员每次试跳（掷），一般都不应超过下列时限：

1．撑竿跳高为1.5分钟。时间应从根据运动员的预先要求将架子调整好时算起。

2．除了撑竿跳高外，其他田赛项目均为1分钟。

3．在跳高和撑竿跳高（不包括全能项目）比赛的最后阶段，如只剩2或3名运动员时，跳高试跳时限增为3分钟，撑竿跳高为3分钟，只剩1名运动员时，此时限增为跳高5分钟，撑竿跳高6分钟。

4. 同一运动员连续进行两次试跳（掷），上述 1、2 中规定的时限撑竿跳高为 3 分钟，其他项目为 2 分钟。本条款同样适用于全能项目的比赛。

如果运动员无故延误试跳（掷）时间，应以失败论处。如果再次延误，即取消其继续比赛的资格，但以前的田赛成绩仍有效。判定运动员无故延误的时间，应从裁判员通知运动员试跳（掷）算起，当时限已到的瞬间，运动员已开始试跳（掷），该次试跳（掷）应予承认。

十、风速测量

任务：

风速测量员应保证按规则规定，及时准确地测定有关项目的跑向风速，并记录测量结果。

（一）径赛风速的测定时间应按如下规定，并从发令枪的闪光或经批准的类似器材发出信号时开始计算：

60 米测 7 秒；80 米栏、100 米测 10 秒；100 米栏、110 米栏测 13 秒。

200 米比赛的风速应从第一名运动员进入直道开始测 10 秒。

（二）在跳远和三级跳远中，应从距离起跳板 40 米和 35 米的地方开始测 5 秒。倘若运动员助跑不足上述距离时，应相应从他开始助跑起测风速。

（三）测定径赛项目时，风速仪应置于直道内侧，离终点线 50 米。测跳远和三级跳远时，则置于离起跳板 20 米处。仪器离开跑道或助跑道边沿不得超过 2 米，离地面约 1.22 米。

（四）承认成绩和纪录的风速标准：

单项在跑进方向上或跳跃方向上测定的顺风平均风速不

得超过 2 米/秒。

全能的有关单项在跑进方向上或跳跃方向上测定的平均风速不得超过 4 米/秒。

十一、宣告工作

任务：

在大会指挥中心的领导下，及时报告竞赛信息，指导观众观看比赛，宣传体育和田径知识，鼓励运动员发扬顽强拼搏精神，创造优异成绩，为赛场增添热烈气氛。

职责与工作方法：

（一）赛前认真学习竞赛规则、规程和裁判法，了解和熟悉竞赛秩序册的内容、运动队的情况和运动员的姓名，制定宣告计划。

（二）比赛中按指挥中心的指令，宣告一切有关竞赛的信息。

（三）正确估计各种宣告内容所需的时间，掌握宣告时机。发令时应停止宣告。

（四）控制赛场气氛，及时做好宣传鼓动工作。

（五）配合发奖组做好颁奖工作。

（六）每项、每组成绩宣告后，应记录宣告的时间以备后用。

十二、有关名词术语和记录符号

1. 轮次

是指田赛远度项目的运动员从第一位到最后一位，试跳（掷）完一次为一轮次（一般有前三轮和后三轮）；高度项目的运动员在一个高度上跳完一次为一轮次（在一个高度上最多有三个轮次)。

2. 赛次

是指径赛的预赛、次赛、复赛和决赛。

3. 延误

是指田赛运动员在比赛中，得到本人试跳（掷）的通知后，无故拖延规定的时限。

4. 免跳（掷）

是指田赛运动员在规则允许的范围内，向临场裁判提出本轮次不试跳（掷）。

5. 弃权

是指运动员已确认取得参赛资格而不参加比赛。

6. 中退

是指运动员在比赛的过程中自动退出比赛。

7. 破纪录

径赛项目，一个赛次中同一组运动员多人超原纪录，均可承认为破纪录，其中最好成绩视为新纪录。在其后一组或后继赛次的运动员的成绩必须超过当时的新纪录，方可承认为破纪录。

田赛远度项目，同一轮次多名运动员超原纪录，均可承认为破纪录，其中最好成绩视为新纪录。在其后一轮次的运动员的成绩必须超过当时的新纪录，方可承认为破纪录。

田赛高度项目,在同一高度上多名运动员超过原纪录,均可承认为破纪录。

8. 超纪录

是指运动员所创造的成绩超过原纪录，但不是最好的成绩。

9. 记录符号

“时、分、秒”为“：、：、.”，如2：09：44.32可读做2小时09分44秒32。

风速为“W”；顺风为“+”逆风为“-”；超风速为“>”；米/秒为“m/s”。

在高度项目中：

成功为“○”；失败为“×”；免跳为“—”；兼项请假为“△”；特殊情况请假为“-△”。

在远度项目中：

成功为记录成绩；失败为“×”；免跳（掷）为“—”；弃权为“⊗”；错过顺序为“=”。

接受帮助被警告为“⊙”；再次接受帮助被取消比赛资格为“⊙-”。

编排记录及计算机常用符号：

按名次录取为“Q”；按成绩录取为“q”；弃权为“DNS”；中退为“DNF”；取消比赛资格为“DQ”；世界纪录为“WR”；亚洲纪录为“AR”；中国纪录为“CR”；达健将为“DJ”。

第四章　田径运动场地

田径运动场地简称田径场，是田径教学、训练、竞赛和开展群众性体育活动的场所。

随着国民经济和田径运动技术的发展，田径场地的类型和结构也在不断变化着。最早的田径场只有一条直道，后来曾先后出现过“马蹄形”田径场、“篮曲式”田径场和“三圆心”田径场。20 世纪初出现了“半圆式”田径场。经过长期的实践检验，由于“半圆式”田径场的弯道半径相同，在弯道跑时能保持同一技术结构，有利于发挥跑速，并在场地设计、计算和丈量等方面都比较简便，因而被确认为国际田径竞赛的标准场地。

我国目前室外的 400 米“半圆式”标准田径场有两种规格：一种弯道半径为 36 米；另一种弯道半径为 37.898 米。

田径场的面层主要是用塑胶或煤渣铺设而成。

适用于室内田径比赛的标准椭圆形跑道，周长应为 200 米，弯道内沿的半径不短于 11 米，但不得大于 21 米，如条件许可，弯道半径应为 13 米。国际田联允许弯道半径有所不同，其面层是用人工合成材料覆盖或安装木质表层。

第一节　田径场地的设计和建造

一、半圆式田径场的结构、名称和规格

（一）平面结构（图四 1）

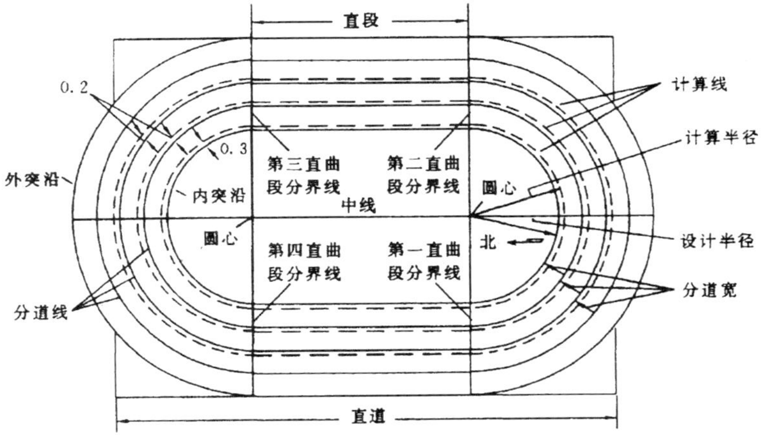

"半圆式"场地（单位：米）

图 四 1

1. 纵轴线

纵轴线也称中线，是绘制田径场地图和建造田径场的基本线，把整个田径场等分为两半。

2. 圆心

圆心在纵轴上。南北两端的弯道各有一个圆心，它是弯道内外突沿和各分道的圆心，也是画弯道梯形起跑线的参照点。

3. 内突沿和外突沿

内突沿与外突沿是跑道的内边与外边。内外突沿的宽为5厘米，高出地面5厘米，其宽度都不计入跑道的宽度内。

4. 跑道宽与分道宽

跑道宽是内外突沿之间的宽度，也叫跑道总宽。分道宽是各条分道的宽度，田径场每条分道宽1.22～1.25米。跑道宽为1.22米（1.25米）乘分道数。如6条分道的跑道宽为1.22米×6＝7.32米。跑道的向内倾斜度不得超过百分之一。

5. 分道线

分道线宽5厘米，分别把跑道分成各条分道。分道线计算在内侧分道的宽度内。如第一、第二道的分道线包括在第一分道的宽度内。

6. 直、曲段分界线

直、曲段分界线把跑道的直段与曲段（弯道）分开，直、曲段分界线与场地的纵轴垂直，相交于圆心。通常把终点处的直、曲段分界线叫第一分界线。按逆时针方向排列，依次为第二、第三、第四分界线。这四条分界线是丈量跑道的基准线，应在跑道的内突沿上用明显的标记标出它们的位置。

习惯上把第一直、曲段分界线前面的弯道叫做第一弯道，第三直、曲段分界线前面的弯道叫做第二弯道。

7. 直段和直道

直段是第一、第二弯道之间的跑道。靠终点一侧的直段叫“终点直段”，异侧为“非终点直段”。半径为36米半圆式田径场的两直段长分别为85.96米，半径为37.898米半圆式田径场的两直段长分别为80米。

直道是直段和直段两端延长段的总称，400米标准田径场直道的长度应不短于140米。向跑进方向的倾斜度不得超过跑道全长的千分之一。

8. 计算线

计算线是供计算跑道周长之用的线。第一条分道的计算线距跑道内突沿外沿 30 厘米，第二至第八分道的计算线距内侧分道线外沿 20 厘米。由于赛跑时运动员一般在计算线位置上跑进，所以计算线也称实跑线。此线不画在跑道上。

（二）剖面结构（以煤渣面层的田径场为例）

1. 径赛跑道

径赛跑道的剖面结构可分为三层：

底层为基础层：要有很好的渗水性，保证跑道不变形，厚度约为 15 厘米。用 5～10 厘米切面的石块、道渣或碎砖（三合土）为材料，用约 2 吨重的碾筒滚压结实。

中层为弹性层：使跑道富有弹性，厚度约为 10 厘米。用粗煤渣作辅料。用约 1 吨重的碾筒滚压结实。

面层为跑道最重要的一层，对跑道的质量起决定作用，厚度为 7～8 厘米。面层材料用含煤量较高的煤渣、粘土混合而成。用约 1 吨重的碾筒滚压结实。使面层软硬适度，渗水快，弹性好。

2. 田赛助跑道

其分层结构一般与径赛跑道相同，但助跑道的面层比跑道结实，所以助跑道面层的混合材料在配比上与径赛跑道有所不同，特别是运动员起跳区和投掷处，要进行特殊处理。

二、小型“半圆式”田径场的设计

一般基层单位和学校，尤其是城市里的学校受空地的限制，不具备修建标准 400 米半圆式田径场的条件，则可以因

表四 1

设计半圆式田径场参考表

（单位:米）

内沿半径 r	两个弯道长 2π（r+0.30）	每边留余地	200			250			300			350		
			一直段长	跑道宽 4×1.22	空地面积	一直段长	跑道宽 4×1.22	空地面积	一直段长	跑道宽 6×1.22	空地面积	一直段长	跑道宽 6×1.22	空地面积
15	96.13	1	51.91	4.88	42×91									
16	102.42	1	18.79	4.33	44×93									
17	108.70	1	15.65	4.88	46×92									
18	114.98	1	42.51	4.88	48×91	67.51	4.88	48×116						
19	121.27	1	39.37	4.88	50×90	61.37	4.88	50×115						
20	127.55	1	36.23	4.88	52×88	61.23	4.88	52×113						
21	133.83	1				58.09	4.88	54×112						
22	140.12	1				54.94	4.88	56×111	79.94	7.32	61×141			
23	146.40	1				51.80	1.88	58×110	76.80	7.32	63×140			
24	152.68	1				18.66	4.88	60×109	73.66	7.32	65×139			
25	158.96	1				45.52	4.88	62×108	70.52	7.32	67×138			
26	165.25	1							67.38	7.32	69×137	92.38	7.32	69×161
27	171.53	1							64.24	7.32	71×135	89.24	7.32	71×160
28	177.81	1							61.10	7.32	73×134	86.10	7.32	73×159
29	184.10	1							57.95	7.32	75×133	82.95	7.32	75×158
30	190.38	1										79.81	7.32	77×157
31	196.66	1										76.67	7.32	79×156
32	202.95	1										73.53	7.32	81×155
33	209.23	1										70.39	7.32	83×153
34	215.51	1										67.25	7.32	85×152

地制宜，自行设计小型“半圆式”田径场，或其他形式的田径场。

（一）设计小型“半圆式”田径场的参考数据（表四 1）

（二）设计和计算

1. 先要丈量空地的面积，然后根据其长度和宽度，决定设计哪一种周长的田径场，其具体规格参照表四 1。

2. 计算跑道弯道的半径（R）：将这块空地的宽度，减去田径场四周应保留的空地，再减去两边跑道的宽度。取中间宽度的二分之一，即为该田径场的半径（R），可根据需要加以调整。

求半径（R）的公式：

$$\text{半径(R)}=\frac{\text{空地宽}-2\times(\text{跑道数}\times\text{分道宽}+\text{余地})}{2}$$

3. 计算两端弯道的长度：

计算公式：$C=2\pi R$

即两弯道长＝2×3.1416×F 〗（R＋0.30①）

4. 计算两边直段的长度：将空地的长度减去田径场两端外应保留的空地，再减去两端跑道的宽度及两个半径的长度，即为该田径场直段的长度。

①0.30 为第一分道的丈量线与内突沿外沿的距离。

计算直段长的公式：

一直段长＝空地长－2×（余地＋跑道宽＋R）

举例说明：

已知空地一块，长 115 米，宽 52 米。要求设计一个 4 条跑道，分道宽为 1.22 米的半圆式田径场。

用弯道半径的计算公式进行计算：

$$弯道半径(R)=\frac{52-2\times(4\times1.22+1)}{2}=\frac{40.24}{2}=20.12$$

为计算方便先把半径（R）算作20米。则两端弯道的长度$=2\times(20+0.30)\times3.1416=127.55$(米)。

一个直段长$=115-2\times(20+4.88+1)=63.24$(米)

两个直段长$=63.24\times2=126.48$(米)

跑道的全长$=127.55+126.48=254.03$(米)

5. 调整和计算：根据上述计算，该田径场的一周长度为254.03（米），若作为一个250米半圆式田径场，则多出4.03米，所以要进行调整。一般调整的方法有两种：一种是调整直段的方法，就是弯道半径不变，在直段上减去4.03米，则两个直道长为122.45米（每个直段长为61.225米）。

验算：

该田径场跑道全长$=2\times(20+0.3)\times3.1416+122.45$

$\approx127.55+122.45$

≈250(米)

按上面的调整方法，弯道直段均为小数，对今后的测画都有不便。故把直段和弯道都调整为整数，这样势必要调整半径。如两直段长调整为122米，两弯道长调整为128米，则调整弯道半径的方法是：

$R=\frac{128}{2\pi}-0.30$

$=20.072$（米）

验算：调整后的跑道全长$=2\times(20.072+0.30)\times3.1416+2\times61$

$=2\times64+2\times61$

$=250$（米）

（三）**测绘**（半圆式田径场的设计半径为 20.072 米）

1. 画出场地的中心线，也叫场地纵轴线，方向以南北坐标为好。

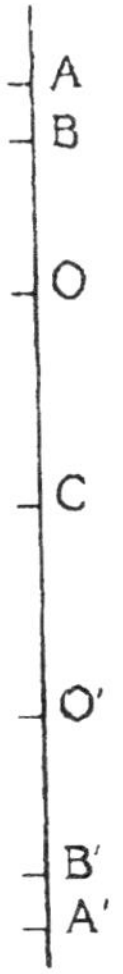

图 四 2

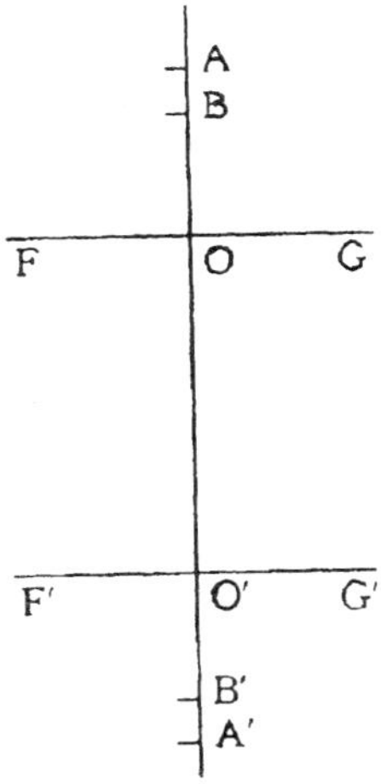

图 四 3

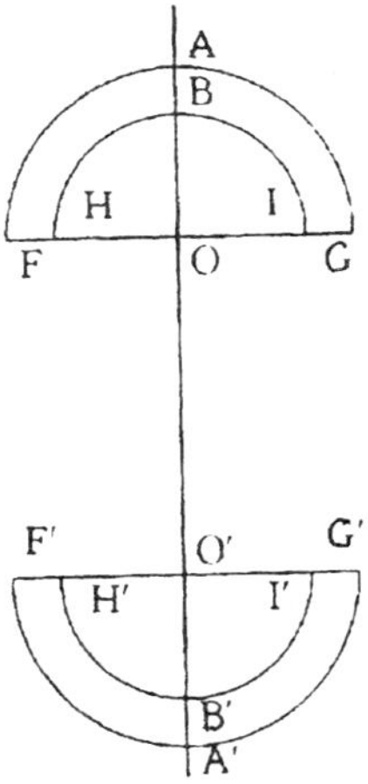

图 四 4

2. 在纵轴线上画出 6 个点：从场地纵轴线的顶端丈量 2 米取一点 A（这 2 米为跑道外余留地）为跑道外沿的中心点；从 A 点向下量 4.88 米取一点 B 为跑道弯道内沿的中心点，AB 点之间即为跑道宽；从 B 点向下量 20.072 米取一点 O 为弯道内沿半径的圆心；从 O 点向下量 61 米取一点 O′为另一端弯道内沿半径的圆心；再从 O′向下量 20.072 米取一点 B′为另一端弯道内沿的中心点；从 B′向下量 4.88 米取一点 A′为另一端弯道外沿的中心点。这条纵轴长＝2＋4.88＋20.072＋61＋20.072＋4.88＋2＝114.904（米），符合空地长度 115 米的要求。

根据上述画出的 6 个点，可以画出整个田径场（图四 2）。

3. 作弯道与直段的分界线：在 O 与 O′点各作一与纵轴线相交的垂直线 FG、F′G′，即是田径场弯道与直段的分界线（图四 3）。这两条线的长度均为 4.88＋20.072＋20.072＋4.88＝49.904（米），符合空地宽度 52 米的要求。

4. 画弯道内外沿：以 O 为圆心，分别用 20.072 米和 24.952 米为半径画$\overset{\frown}{FG}$和$\overset{\frown}{HI}$与直线 FG 相交。用同样方法以 O′为圆心画$\overset{\frown}{F'G'}$和$\overset{\frown}{H'I'}$与直线 F′G′相交即成弯道的内外沿（图四 4）。

5. 画直段内外沿：把 H 和 H′、I 和 I′、G 和 G′、F 和 F′用直线连接起来，即成直段的内外沿（图四 5）。

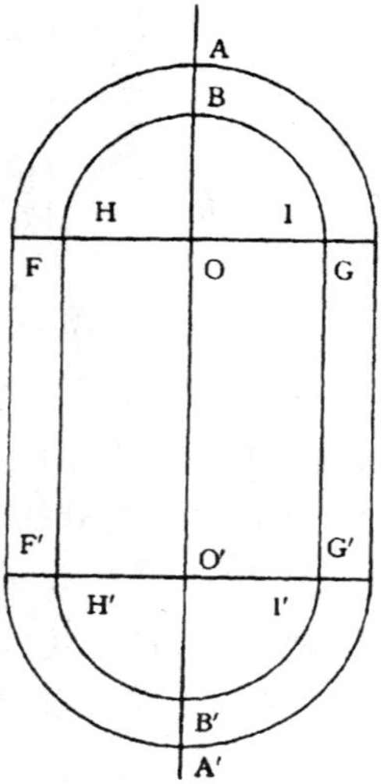

图 四 5

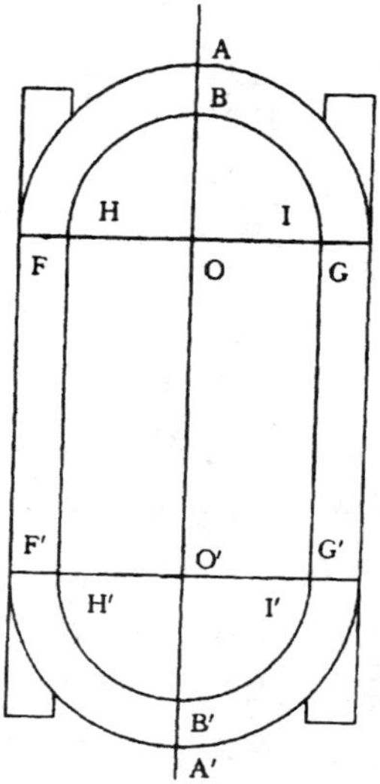

图 四 6

6. 画直道：由于跑道的直段只有 61 米，而空地长有 115

米，为了充分利用现成的场地，在直段两端分别延长 25 米，则该田径场的直道长为 111 米。这样可在直道上进行 100 米及 100 米以下项目的竞赛活动（图四 6）。

在建造田径场时，也按上述步骤和方法，进行放样，这里不再复述。

（四）田赛场地的布局，主要根据单位需要来安排，但必须布局合理，特别是注意安全因素。

第二节　径赛跑道的计算和画法

下面以 400 米“半圆式”田径场（弯道半径 36 米、分道宽 1.22 米）为例：

一、跑道的计算方法

（一）各分道弯道长度的计算

计算公式：圆周长＝$2\pi R$

根据公式：第一分道＝$2\pi(R+0.30)$

第二分道＝$2\pi(R+d+0.20)$

（注：d 为分道的宽度）

第三分道＝$2\pi(R+2d+0.20)$

第四分道＝$2\pi(R+3d+0.20)$

⋮

第八分道＝$2\pi(R+7d+0.20)$

（二）前伸数的计算

由于各条弯道的长度不等，为使运动员在分道跑时所跑距离相等，从第二分道起，各分道必须把起跑线依次向前伸出，向前伸出的距离称为前伸数。各分道前伸数等于某一弯道长减第一弯道长。具体数据见表四 4。

（三）切入差的计算

田径竞赛规则规定，800 米跑在 400 米田径场上进行时，在第一各弯道末之前为分道跑，通过抢道标志线以后，方可切入里道。为了使除第一分道以外的各道运动员在跑完弯道后切入里道的距离相等，就需要计算出各分道的切入差，并分别加到各分道起点的前伸数里去。

计算切入差的公式是：

$$切入差=直段长-\sqrt{直段长^2-[(n-1)\times d-0.10]^2}$$

公式中的 n 是分道的数目；d 是每条分道的宽度。

如第二道切入差

$$=85.96-\sqrt{85.96^2-[(2-1)\times 1.22-0.10]^2}$$

$$=85.96-\sqrt{7389.1216-1.2544}$$

$$=85.96-85.95$$

$$=1（厘米）$$

用上述计算方法，计算出各分道的切入差如表四 2 所示。

800 米跑各道前伸数为各分道 200 米跑的前伸数加上各分道切入差；4×200 米、4×400 米接力跑的各分道起点前伸数，为各分道 400 米起点前伸数加上 800 米跑起点前伸数（表四 2）。

表四 2 **400 米标准半圆式田径场跑道基本数据** （单位：米）

内容	分道宽	一道	二道	三道	四道	五道	六道	七道	八道
弯道计算线半径	1.22	36.30	37.42	38.64	39.86	41.08	12.30	43.52	44.74
一个弯道计算线长	1.22	114.04	117.56	121.39	125.22	129.06	123.89	136.72	140.56
两个弯道计算线长	1.22	228.08	235.12	242.78	250.45	258.11	265.78	273.44	281.1
200 米起跑前伸数	1.22	0	3.52	7.35	11.18	15.02	18.85	22.68	26.52
400 米起跑前伸数	1.22	0	7.04	14.70	22.37	30.03	37.70	45.36	53.03
切入差	1.22	0	0.01	0.03	0.07	0.13	0.21	0.30	0.42
800 米起跑前伸数	1.22	0	3.53	7.38	11.25	15.15	19.06	22.98	26.94
4×200 4×100 米起跑前伸数	1.22	0	10.57	22.08	33.62	45.18	57.76	68.34	79.97

二、跑道的丈量方法

跑道的丈量方法，在直道上用直接丈量法，有些基层学校，由于跑道不标准，很难计算，因此也可在弯道上紧贴跑道边或跑道线，用皮尺进行直接丈量，但此法准确性差。一般标准田径场在弯道上采用经纬仪丈量法、直弦丈量法和放射式丈量法。

（一）直弦丈量法

直弦丈量法又称正弦丈量法，它是根据该段弧长所对的角，利用正弦定理计算出其弦长的一种丈量方法。现用直弦丈量法求出 400 米栏第一道第一栏的位置（图四 7）。

O 为各条跑道同心圆弧的圆心，如图中 $\overset{\frown}{AB}$ 是起点到第一栏的距离，弧长 45 米。OA 与 OB 都是半径，等于 36 米加 0.3 米。将 AB 相连的线段和 OA、OB 围成一个等腰三角形 AOB。AB 是底边，为求出其长度，可用直角三角形解法。从 O 点作 AB 的垂直线 OC，OC 将三角形 AOB 分成两个全等三角形。只要求出 AC 之长，两倍 AC 便等于 AB。

直角三角形 ACO 中 $AC = OA \cdot \sin AOC$，应先求出 $\angle AOC$ 的度数。

按公式 $\overset{\frown}{AB} = \dfrac{\pi R \angle AOB}{180°}$ 圆心角 $AOB = \dfrac{\overset{\frown}{AB}}{\dfrac{\pi R}{180°}}$

$$\angle AOB = \frac{45}{0.63355} = 71.028 = 71°1'40''$$

$$\angle AOC = \frac{\angle AOB}{2} = \frac{71°1'40''}{2} = 35°30'50''$$

代入前公式：$AC = 36 \cdot \sin 35°30'50'' = 20.912$（米）

AB＝2AC＝2×20.912＝41.82（米）

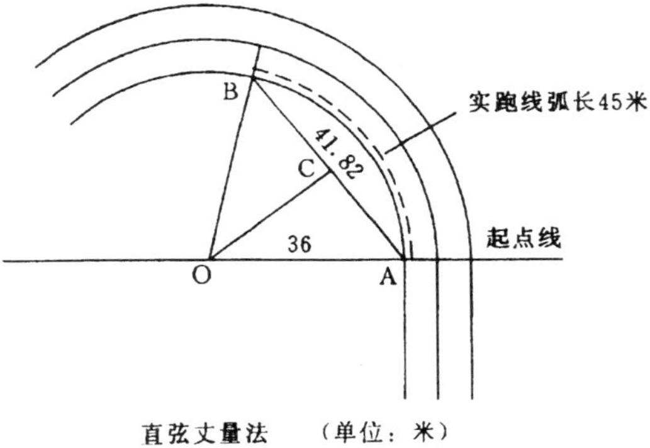

图 四 7

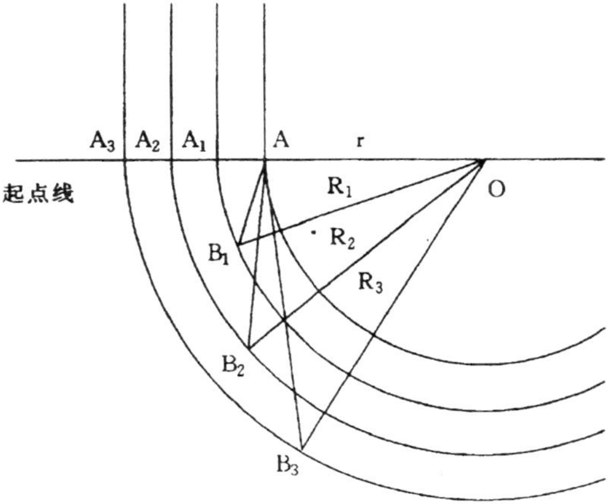

图 四 8　放射式丈量法

（二）放射式丈量法（图四 8）

如图四 8 所示，利用余弦定理来求得放射线的角度，它是根据：

1. 已知由基准点到圆心的 OA 是跑道内突沿的半径(R)为 36 米；

2. 已知由放射点到圆心的 OB_1 是第一分道和第二分道的分道线半径 R_1 为 37.22 米；

3. 圆心角 AOB_1 的所对的弧长 $\overset{\frown}{A_1B_1}$ 也是已知的，即 400 米跑第二道的前伸数为 7.04 米。

求放射线 AB_1 的长度：

先求出 $\angle AOB_1$ = 第二分道每米计算线所对的角度 $\times 7.04 = 1.53115 \times 7.04 = 10°46'46''$

$\cos 10°46'46'' = 0.982355$

根据余弦定理 $AB_1 = \sqrt{OA^2 + OB^2 - 2 \cdot OA \cdot OB \cdot \cos\theta}$

$$AB_1 = \sqrt{36^2 + 37.22^2 - 2 \times 36 \times 37.22 \times 0.982355}$$
$$= \sqrt{1296 + 1385.3284 - 2632.554223}$$
$$= 6.98 \text{（米）}$$

当求得所需要的全部数据以后，即可进行跑道的丈量工作。丈量时，基准点在跑道内突沿外沿上（紧贴跑道边），放射点在跑道右侧分道线外沿上。为了方便大家工作，减少计算的麻烦，具体放射式丈量的数据见图四 9、10。

三、跑道的画法

（一）分道线的画法

画分道线应以跑道内突沿的外沿为基准，可用大型漏粉画线器进行画线，也可以用单只漏粉画线器画，但效果远不如大型漏粉画线器画的好。一般基层学校用单只画线器时，可先用绳子拉直后再按绳子画，画出的分道线较直。

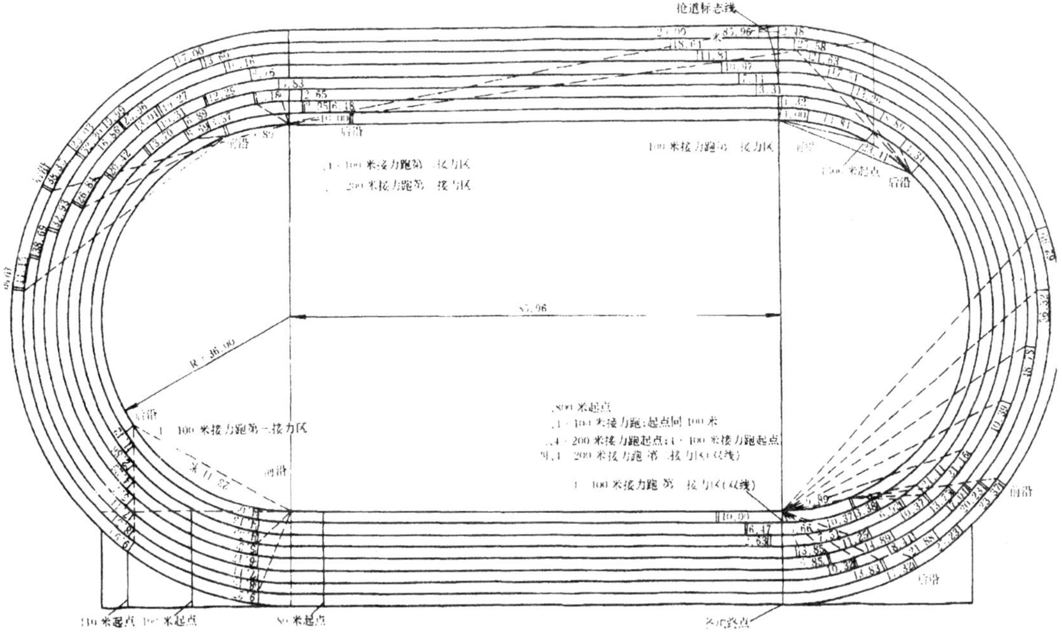

（半圆式 400 米　半径 36 米　分道宽 1.22 米）

图 四 9　各项径赛放射式丈量图

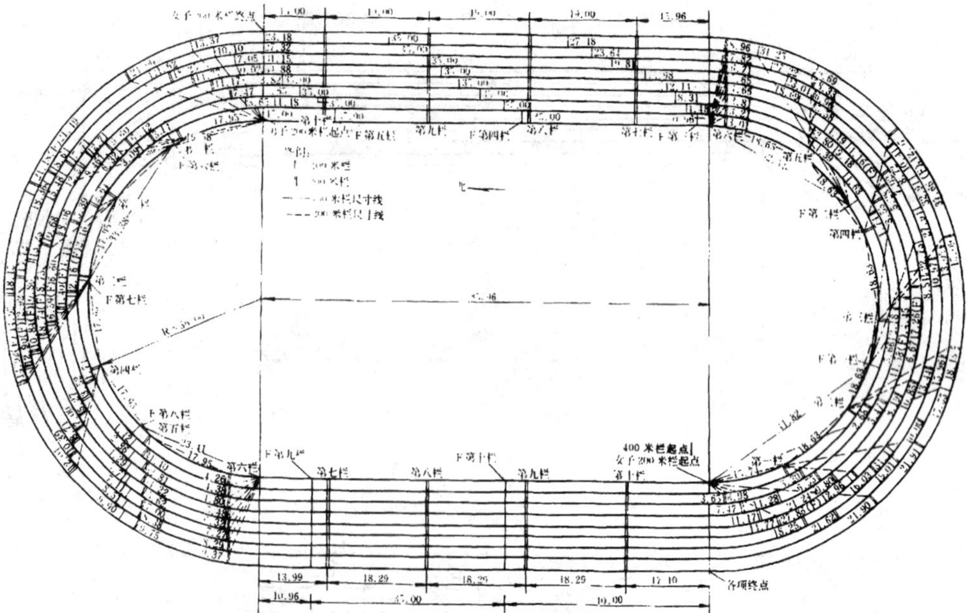

（半圆式 400 米　半径 36 米　分道宽 1.22 米）

图 四 10　各项径赛放射式丈量图

（二）终点线的画法

终点线一般设在田径场的第一曲直段分界上。终点线宽 5 厘米，其后沿通过第一基准点，并与突沿垂直。

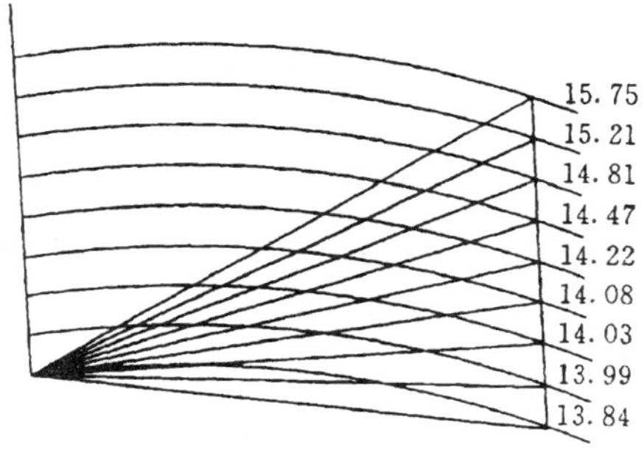

1500米起点 （单位：米）

图 四11

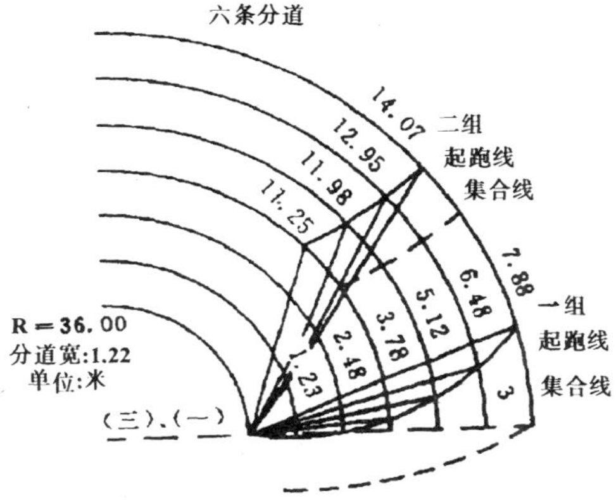

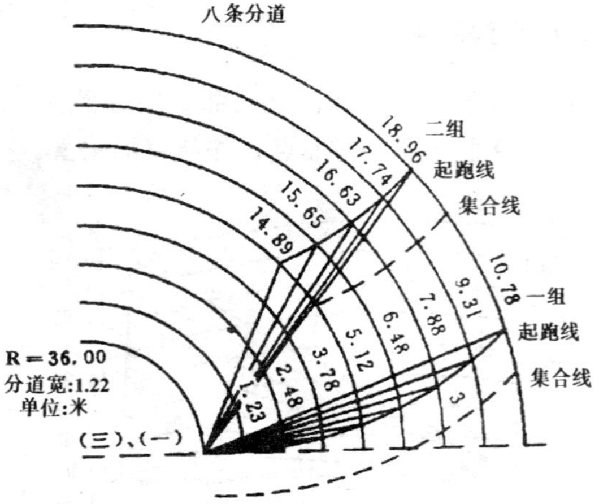

3 000、5 000、10 000 米一组和两组同时起跑的起跑线

图 四 12

（三）各项目起点线的画法

这里重点介绍 1500 米（图四 13）、3000 米、5000 米和 10000 米起点的画法（图四 14）。

这些项目起点线的画法有“等同弧画法”、“渐开弧画法”和“量点画法”三种。“量点画法”既方便又准确。这种方法是用放射式丈量法量出各分道的放射点，然后把这些点连起来即成。

根据“规则”规定在 1000 米、2000 米、3000 米、5000 米和 10000 米的比赛中，如运动员超过 12 人时，可将他们分成两组同时起跑。大约 65％的运动员为第一组，位于常规起跑线上，其余运动员为第二组，位于另一条画在外侧一半跑道上的弧形起跑线上。第二组运动员在外侧一半跑道上应跑至第一弯道终端，并越过抢道线后，方可切入里道。

画 1500 米起跑线的基准点在第二直曲段交界处；画 3000 米、5000 米起跑线的基准点在第三直曲段交界处；画 10000 米起跑线的基准点在第一直曲段交界处。画其他各项目起跑线和抢道标志线的位置和数据请参见图四 9、10。

第三节　田赛场地的计算和画法

一、跳高场地

（一）助跑道：是一个扇形区。跑高比赛助跑道长度最小不短于 15 米，如条件许可，不应短于 25 米。助跑道和起跳区朝横杆中心的倾斜度不得超过二百五十分之一。

（二）落地区：跳高落地区有沙坑和海绵包，其长不得小于 5 米，宽不得小于 3 米（图四 13）。

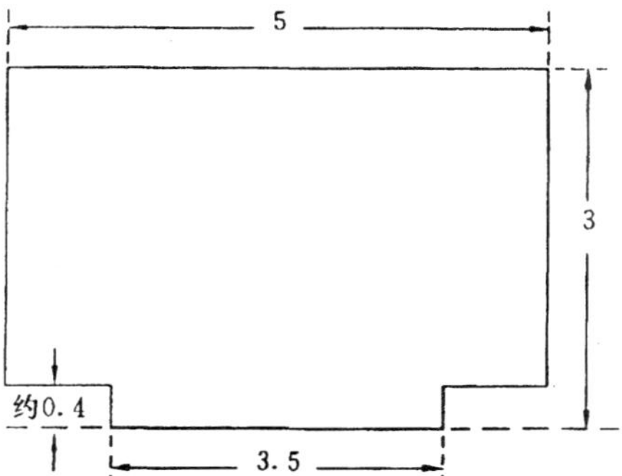

图 四 13

二、撑竿跳高场地

（一）助跑道：最小宽度为 1.22 米，最大 1.25 米。最小长度为 40 米，如条件许可应不短于 45 米。助跑道两侧用 5 厘米宽的白线标明。助跑道左右倾斜度不得超过百分之一。跑进方向总的倾斜度不得超过千分之一。

（二）落地区：目前撑竿跳高的落地区多为海绵包。它的规格是长和宽均不得小于 5 米。插斗两侧加约 1.3 米的保护区（图四 14）。

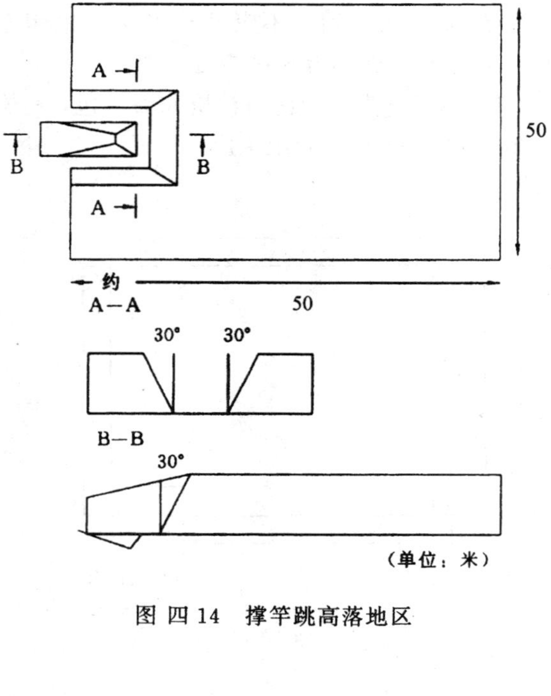

图 四 14　撑竿跳高落地区

三、跳远、三级跳远场地

（一）助跑道：长不得短于 40 米，宽最小为 1.22 米，最大为 1.25 米。助跑道两边应用 5 厘米宽的白线标出。如条件许可，其最短长度为 45 米。助跑道左右倾斜度不得超过百分之一，向沙坑的跑进方向，总的倾斜度，最大不得超过千分之一。

（二）落地区：落地区是沙坑。其长度一般为 6～8 米，宽至多 3 米，至少 2.75 米。起跳板的中线延伸时与落地区的中线重合（图四 15）。

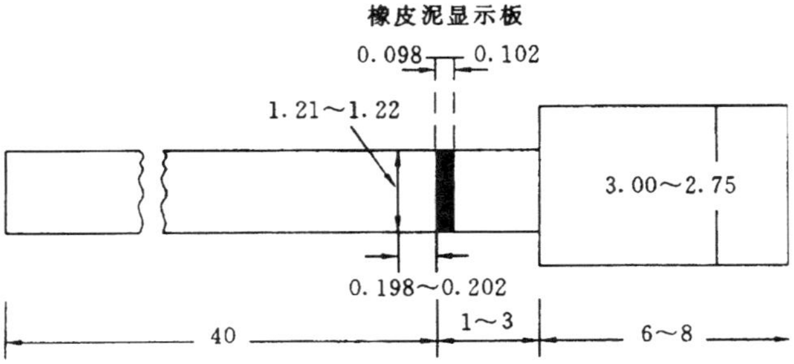

（单位：米）

图 四 15

四、推铅球场地

如图四 16 所示，铅球投掷圈应用钢铁或其他合适材料制成，圈顶应与圈外地面齐平，圈内地面可用混凝土、沥青或其他坚硬而不滑的材料建成。圈内地面应呈水平，并低于圈顶端 1.4～2.6 厘米。投掷圈内沿直径应为 2.135 米（±0.5

厘米）。投掷圈上沿宽至少 0.6 厘米，并漆成白色。从投掷圈两侧向外各画一条宽 5 厘米、长至少为 75 厘米的白线。此线可用白漆画出或用木料和其他适当材料制成。白线后沿应为圆圈直径的延长线并与落地区中轴线垂直。投掷圈前沿安装抵趾板。

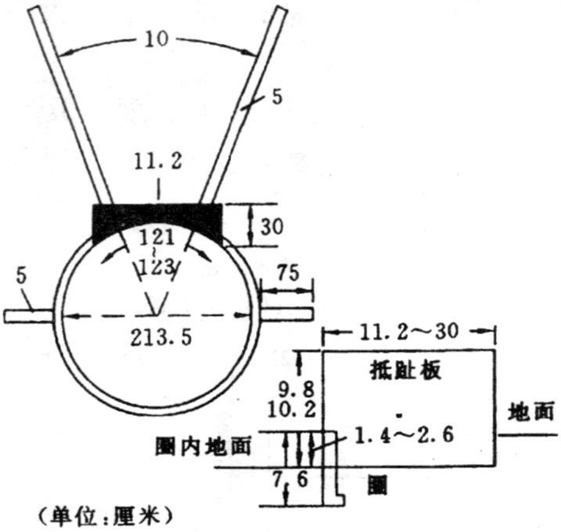

图 四 16

五、掷链球场地

掷链球场地与推铅球场地相同，但没有抵趾板，却装有护笼。

六、掷铁饼场地

掷铁饼场地与掷链球场地相同，没有抵趾板，装有护笼，但铁饼投掷圈内沿的直径为 2.50 米。其他规格要求均与铅球投掷场地相同（图四 17）。

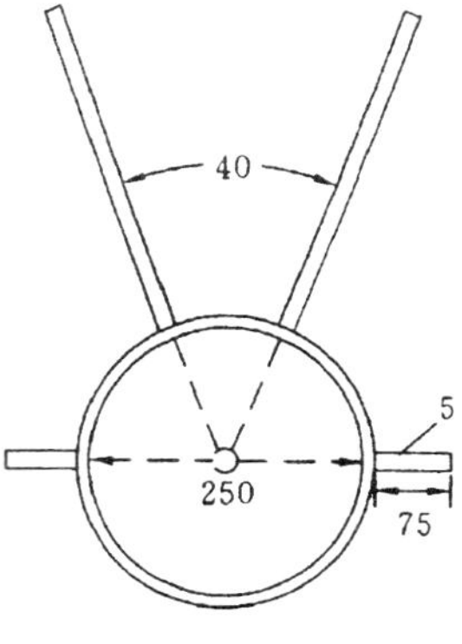

（单位：厘米）

图 四 17

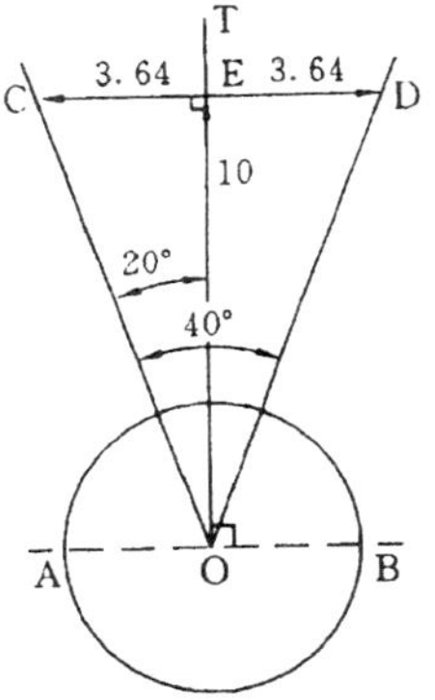

（单位：米）

图 四 18

推铅球、掷链球、掷铁饼三个项目的落地区均为40°角的扇形区。落地区用宽5厘米的白线标出，其内沿延长线应通过投掷圈的圆心。落地区向投掷方向的最大倾斜度不得超过千分之一。

40°投掷落地区角度线的测画方法有正切量法和直弦量法两种。

（一）正切量法

如图四18所示，先在圆圈内画一条直径，两端交于圆周上A、B两点，通过圆心O向投掷区作一条垂直于AB的纵轴线OT，再在纵轴线OT上截取10米之长OE，然后从E点向两侧作垂线CD，并使CE＝ED＝3.64米。最后连接OC、OD并向前延长，则∠COD即为40°扇形投掷区。

这种丈量法的根据是：COE中，先查出∠COEtg20°的函数值为0.3640，然后将小数变为分数。

$$\text{tg}20° = \frac{CE}{OE} = 0.3640 \times \frac{1000}{1000} = \frac{364}{1000} = \frac{3.64}{10}$$

这种丈量方法的优点是：

1. 测量比较简单，数据也容易记忆；

2. 丈量比较准确，不易出现误差；

3. 无论铅球、铁饼或链球的器械落地角度线，数据和画法都一样。

（二）直弦量法

所谓直弦量法，就是根据正弦定理，将圆心角所对的某弧段计算出直弦长度，然后直接在圆周上量取其距离。计算方法见本章跑道的丈量方法——直弦丈量法。

具体的数据：推铅球、掷链球场地的 40°画法见图四 19；掷铁饼场地的 40°画法见图四 20。

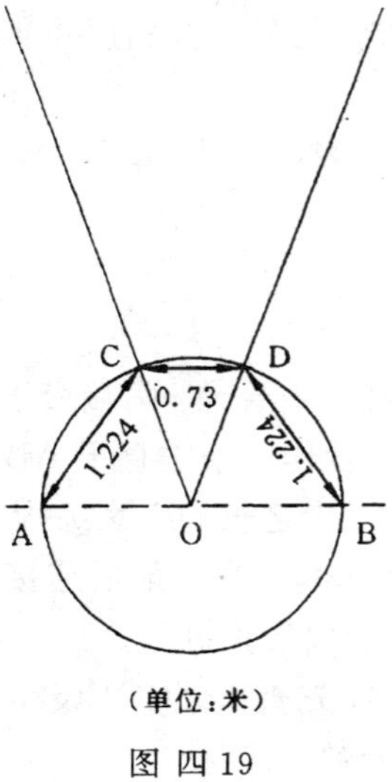

（单位：米）

图 四 19

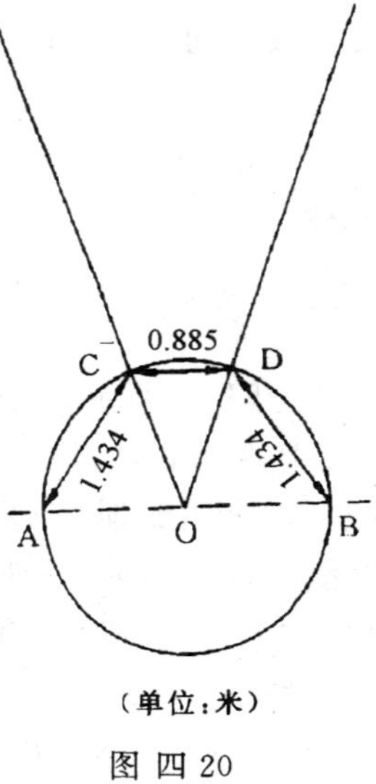

（单位：米）

图 四 20

七、掷标枪场地（图四 21）

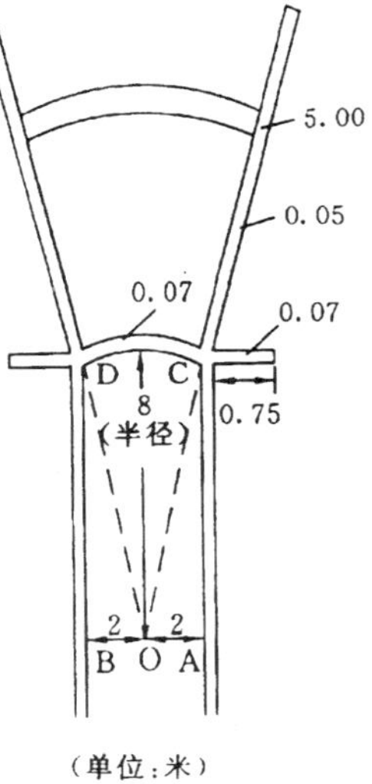

图 四 21

掷标枪场地的助跑道长度至少30米，至多为36.5米，条件许可时，应不短于33.5米。助跑道宽为4米，用宽5厘米的两条平行白线标出。助跑道左右倾斜度最大为百分之一。

落地区为一扇形区，其角度线用5厘米宽的白线标出，并能使角度线内沿的延长线通过起掷弧，相交于起掷弧的圆心。落地区向投掷方向的倾斜度不得超过千分之一。

掷标枪场地的画法：已知掷标枪的助跑道宽为4米，投掷弧的半径是8米。先分别以投掷弧的两端C、D点为圆心，8米为半径，向后在助跑道的之间画弧相交于O点，此点即是投掷弧的圆心。然后把O点分别与C、D点连接并向外延长，即构成标枪落地区。掷标枪投掷弧宽7厘米，应漆成白色，与地面齐平。弧两端应各画出一条白色限制线，与助跑道平行线成90°角，此线宽7厘米，长75厘米。

第四节　田径运动场地的保养和维修

为了保证田径场的质量，延长使用年限，对田径运动场地要经常进行保养及定期维修。

一、经常性的保养和整理

在教学、训练和竞赛活动后要及时做好保养和整理工作。

这些工作主要包括平整跑道与助跑道，清扫垃圾杂草，滚压画线，翻挖沙坑等。在气候干燥的季节里，要经常洒水，使场地保持一定的湿度。

另外要加强管理，严禁各种车辆在跑道上行驶，压坏基础结构，影响跑道的弹性和渗 水性。在冰封解冻时或雨后禁止自行车在跑道上骑行。最好在田径场周围加建栏杆，既可起到一定的保护作用，又可把栏杆供教学训练做辅助器材之用。

二、季节性保养和维修

在每年必须进行较全面的保养和维修。季节性的整修工作，一般在冬末春初时开始。在雨季到来之前疏通下水道，清理排水沟，填补低洼处，这时保养整修田径场能起到事半功倍的效果，整修好后，正好迎接田径运动活跃季节的到来。

三、基本维修

这里是指对田径场的面层及排水系统等地下设备进行更换和翻修。由于风化、雨水的冲刷和渗透等自然原因，跑道面层的混合材料，每年均消耗 1 厘米。由于跑道面层约 7～8 厘米厚，故 7 年左右应大翻修一次。如有条件，面层混合材料应当全部更新。在压实面层时要用约 1 吨重的碾筒反复滚压。

附：塑胶跑道介绍

塑胶跑道也叫“塔当”跑道，正式采用是在 1968 年墨西哥举行的19届奥运会上。目前国内外举行的一些较大规模的田径比赛，都使用塑胶跑道。我国在1975年北京举行的第3届全国运动会上第一次试用，近年来，随着体育事业的发展，塑胶跑道在我国沿海和经济发达地区将逐步普及。

一、塑胶跑道的优点

（一）塑胶跑道地基硬，面层富有弹性，磨擦系数大，对提高速度和弹跳都极为有利，由于运动场地的更新，促进了技术的发展，因此，是当今世界田径水平提高的因素之一。

（二）使用方便，不用平整、画线，可以减轻场地工人的劳动强度。

（三）不受天气影响，雨、雪天照常可以使用，是很好的“全天候”场地。

（四）场地色泽鲜艳、美观整洁。

二、塑胶跑道使用的注意事项

（一）禁止使用长鞋钉（按田径竞赛规则规定：跳高、掷标枪项目的鞋钉长度不得超过12毫米，其他项目不得超过9毫米），否则会损坏塑胶地面。

（二）严禁烟火接触，并要求隔离热源。

（三）避免长期负重和剧烈的机械冲击与磨擦，并避免有害物质与之接触。

（四）地面被油类沾污，可用稀皂液或稀洗涤剂溶液冲洗地面，一般情况下只需用清水冲洗即可。

参考资料

1. 中国田径协会审定：《1992田径竞赛规则》，北京体育学院出版社，1992年。

2.《1994～1995国际田联手册修改部分》和《1996～1997国际田联手册修改部分》，国家体委文件。

3. 中国田径协会审定：《中国田径竞赛裁判工作指南》，西南师范大学出版社，1995年。

4. 黄芝英、戴华：《田径比赛的组织与编排》，人民体育出版社，1991年。

第五章 短 跑

第一节 短跑技术

短跑是以无氧供能方式为主跑完全程的径赛项目。它包括400米以下各种距离的跑，正规的室内和室外短跑比赛项目有60米、100米、200米、400米及接力跑项目。少年比赛中还增设有300米跑。

短跑是田径运动的基础项目，进行短跑训练能有效地发展速度及其他身体素质，对于田径的跑、跳跃和投掷项目以及其他一些运动项目的发展具有重要意义。

短跑全程技术包括起跑、起跑后的加速跑、途中跑和终点跑四个部分。每个部分都有各自的任务和技术要求。全程跑成绩取决于起跑的反应速度、起跑后加速跑能力、最高速度的获得和保持以及各部分技术动作的质量。

一、100米跑技术

（一）起跑

起跑的任务是使身体迅速摆脱静止状态，获得最大的向前冲力，为起跑后加速跑创造条件。短跑按规则规定必须采用蹲踞式起跑，蹲踞式起跑一般使用起跑器。

1. 起跑器的安装：安装起跑器的目的是使两腿蹬伸动作有牢固的支撑和两脚有固定的距离。安装起跑器的方法主要有普通式和拉长式两种（图五 1）。

（1）普通式：前起跑器距起跑线约一脚半长，后起跑器距前起跑器也是一脚半长。前后起跑器的支撑面与地面分别成 40°～45°和 70°～80°角，两个起跑器之间的横距约 10～15 厘米。

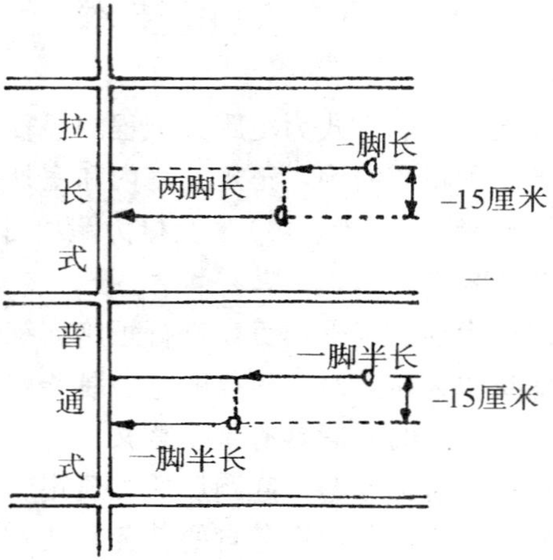

图五 1　起跑器的安装方法

（2）拉长式：前起跑器距起跑线约两脚长，后起跑器距前起跑器约一脚长。起跑器的支撑面与地面的夹角以及两个起跑器之间的横距与普通式相同。

这两种起跑器的安装方法各有优缺点，可根据个人的体型、训练水平、技术状况和习惯选用与调整起跑器的安装方法。但总的来说，应符合下列原则：

①在“各就位”姿势时，感觉舒适而放松。

②在“预备”姿势时，身体的各肌肉群处在“一触即发”的用力状态。

③在蹬离起跑器时能充分发挥肌肉力量，获得较大的向前初速度，并能使身体有较大的前倾角 。

2. 起跑的技术：起跑过程包括“各就位”、“预备”和鸣枪三个阶段。

（1）“各就位”：听到“各就位”的口令后，做两三次深呼吸，轻快地走到起跑器前，蹲下，并把两手撑在起跑器前。然后依次由前向后将两脚掌紧贴在起跑器的抵趾板上，鞋尖触地或前鞋钉触地，后腿膝关节跪地，接着把两手收回，两手拇指与并拢的其余四指成八字形紧贴起跑线后沿支撑。这时两臂伸直并放松，两手与肩同宽，头与躯干保持在一直线上，身体重量均衡地落在两手和前脚掌与后腿膝关节之间。目视前下方约40～45厘米处，注意听“预备”口令（图五2①）。

①　②　③

图五2　起跑

（2）“预备”：听到“预备”口令后，运动员缓慢伸展双腿，后腿膝关节离开地面，臀部抬起，身体重心向前上方移动，重心投影点落在两手与两脚之间，两脚掌紧紧贴在抵趾板上，躯干伸直，臀部稍比肩高。前腿膝关节夹角约92°～

105°，后腿膝关节夹角约115°～138°，以形成较好的发力角度。这时两眼注视前下方1米左右的地方。在抬起臀部的同时可轻吸一口气，然后闭气屏息，注意力高度集中地听枪声。此时，应感到腿部好似压紧的弹簧（图五2②）。

（3）“鸣枪”：听到枪声后，两腿迅速地蹬伸，同时两臂快速地前后摆动，以较大的前倾姿势把身体推向前方。躯干前倾，与水平面约成15°～20°角。后腿蹬离起跑器后，迅速屈膝向前上方摆出。后腿前摆时，脚掌不应离地太高，以缩短从起跑器到着地点的距离，同时前腿要快速有力地伸展髋、膝、踝三个关节。后蹬角约为41°～45°（图五2③）。

（二）起跑后的加速跑

从两腿蹬离起跑器开始，到进入途中跑之前的一段距离的跑称为起跑后的加速跑，它的任务是充分利用向前的冲力，在最短的时间内发挥出最高的速度。这段距离一般为25～30米，男子用13～15步、女子用15～17步跑完。

当后腿蹬离起跑器并结束前摆后，便积极下压着地（图五3），完成了这一步动作。第一步步长不宜过大，着地点尽量靠近身体重心投影点，并迅速过渡到后蹬。当前腿蹬离起跑器后，也要迅速屈膝向前摆动，并积极下压着地，完成起跑后的第二步动作。第一步步长一般为运动员的三脚半至四脚的长度，第二步约为四脚至四脚半长。随着速度的不断提高和上体从较大前倾状态下逐渐抬起，步长也逐渐增大到接近途中跑。本阶段速度的增加在很大程度上靠后蹬的力量，不应过分地追求步频，否则会造成动作紧张，影响后续阶段速度的发挥。

起跑后加速跑阶段中两臂有力地前后摆动具有很大意

图五 3　起跑后的加速跑

义。摆臂的方向应与运动方向一致，摆臂动作基本上与途中跑相似，但开始几步摆幅较大。

起跑后加速跑的最初几步，脚着地点是沿着两条相距不宽的直线前进的。随着跑速的加快，两脚着地点逐渐靠拢到假定的一直线两侧。

在起跑后的加速跑中，为了在最短时间内到达最高速度，肌肉处于紧张状态，这对于进入途中跑发挥和保持最高速度是不利的。因此，在进入途中跑时应顺势放松跑 2～3 步，称“自然跑进”，以消除肌肉的过分紧张。

（三）途中跑

起跑后的加速跑结束以后，经过 2～3 步顺势放松跑，即进入途中跑。途中跑是短跑全程中距离最长和速度最快的阶段，其任务是继续发挥和保持高速度跑。途中跑每一个单步的组成都由支撑时期的着地缓冲、后蹬和腾空时期的折叠前摆、下放摆落动作组成。

1. 支撑时期

(1) 着地缓冲：着地缓冲是指从脚着地瞬间至身体重心移到支撑点垂直上方时为止（图五4①～②）。脚着地位置在身体重心投影点前方，着地角（身体重心与着地点连线与地面夹角）为70°左右。在脚着地之后，由于在重力和摆动腿屈膝摆动的压力作用下，使支撑腿迅速弯曲进行缓冲（此时脚跟不着地）。在支撑腿的缓冲过程中应依靠摆动腿的快速有力向前上方摆动和踝关节的主动用力以及髋关节的伸展来加速身体重心的前移，这有利于缩短缓冲阶段的时间和减少着地时的阻力。当身体重心移至支撑点垂直上方时，支撑腿的膝

图五4　途中跑

关节角约为135°～140°，踝关节背屈约为85°～90°。这样有利于下肢伸肌群的预先拉长和弹性势能的储备，为后蹬创造良好的条件。

在支撑腿着地缓冲过程中，摆动腿以大小腿折叠姿势迅速向前摆动，直至摆过支撑腿的膝关节的稍前部。这时的大小腿折叠角度约为30°，脚跟几乎碰到臀部（图五4②）。大小腿充分折叠，能缩小摆动半径，加快摆动速度。

（2）后蹬：当身体重心移过支撑点垂直面后，进入后蹬阶段。此时，摆动腿屈膝快速有力地向前上方摆动，带动同侧骨盆前移，大腿摆至与水平面约成15°～20°角。当摆动腿摆到支撑腿膝关节稍前方时，摆动腿膝关节逐渐伸展，随大腿前摆，小腿向前摆出。支撑腿在摆动腿积极前摆的配合下，快速有力地伸展髋、膝、踝三关节，蹬离地面（图五4③～④）。后蹬结束时，支撑腿与摆动腿之间的夹角约成100°～110°角，后蹬角（支撑腿到身体重心的连线与地面的夹角）约为56°～60°，支撑腿的膝关节角约为150°～153°。

后蹬时，支撑腿与摆动腿的协调配合是途中跑技术的关键。正确完成蹬摆动作，缩短摆动半径，增加摆动幅度和速度，为增大支撑反作用力和减小身体重心上下波动创造了有利的条件。

2. 腾空时期：支撑腿结束后蹬后，即进入了无支撑的腾空时期，腾空时期包括腿的折叠前摆和下放摆落动作。

当支撑腿结束后蹬进入腾空后，蹬地腿小腿随着蹬地后的惯性和大腿的前摆迅速靠拢大腿，形成大小腿边折叠边前摆的动作。随着摆动腿以髋关节为轴大腿积极下压，膝关节放松，小腿随着大腿下压的惯性而自然向前下方伸展，前脚掌形成踝背屈姿势，做好着地的准备（图五4⑤～⑧）。

在腾空时期，两腿相对于髋关节做相向运动，积极做好“剪绞动作”，以利于加快步频。此时，因为身体受重力的影响，使身体重心的轨迹在腾空时期为一条抛物线。此抛物线的轨迹取决于腾起的初速度和腾起角度。在后蹬结束时身体重心腾起的初速度要大，腾起角要相应减小，这样有助于创造高速跑的条件。

途中跑时，头部位置正直，上体稍有前倾（前倾角为85°～90°）。后蹬时，上体前倾角减小，在脚着地时，上体前倾角稍增大。途中跑时两臂前后摆动，摆动动作不仅是为维持身体平衡和协调腿部动作，更重要的是对提高两腿的交换频率以及蹬摆动作的幅度起着重要作用。摆臂动作的要求是，两臂屈肘成90°，两手自然半握拳或自然伸掌。屈肘的角度在跑动中并不是固定不变的，向前摆臂时屈肘角减小，后摆时屈肘角增大。摆臂动作应自然、有力、前摆超过下颌，后摆稍向外，不要耸肩，肩横轴应与两臂同时绕身体中轴运动，同时还要协调放松。正确的摆臂动作在途中跑中占有重要的地位，对于初学者尤为重要。

（四）终点跑

终点跑是全程跑的最后一段距离，其任务是尽量保持途中跑的高速度跑过终点。

终点跑的技术要求与途中跑基本一致，但是，往往因疲劳的出现而导致动作变形，步长和步频都有所下降（某些运动员会出现步长增大的现象）。为了尽力保持途中跑的高速度，一般在距终点15～20米处，加快两臂的摆动速度和力量，尽量保持上体前倾角度。在跑到离终点线一步时，上体急速前倾，用胸部或肩部撞线，并跑过终点，然后，逐渐减慢跑速。

二、弯道跑的技术

短跑中的 200 米和 400 米，有一半以上的距离是在弯道上。为了适应弯道跑，必须改变跑的身体姿势和脚蹬地的用力部位及后蹬与摆动的方向。

（一）弯道起跑和起跑后的加速跑

为了便于在弯道起跑之后能有一段直线距离进行加速跑，应将起跑器安装在自己分道的右侧，起跑器对着弯道的切线方向。起跑时，左手支撑在距起跑线后沿 5～10 厘米处，使身体正对弯道的切线方向（图五 5）。

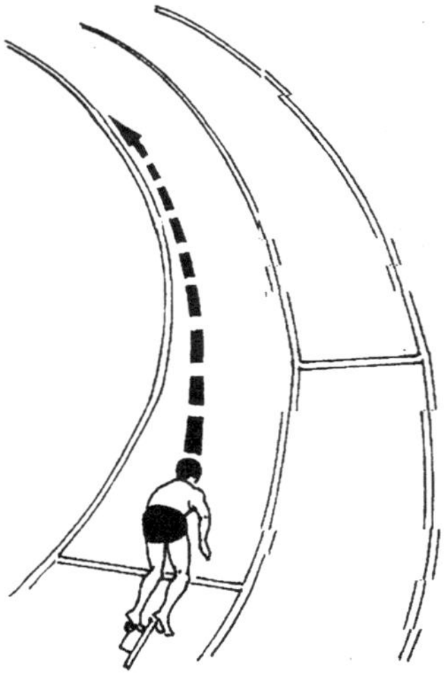

图五 5　弯道起跑

弯道起跑后，为了尽快进入弯道跑，加速跑的距离要适当缩短，要早些抬起较大前倾的身体。

（二）弯道跑

从直道进入弯道跑时，身体应向内倾斜，加大右腿的蹬地力量和摆动幅度，右臂也相应地加大摆动的力量和幅度，以利于迅速从直道跑进弯道。

弯道跑中，身体应向圆心方向倾斜。后蹬时右腿用前脚掌的内侧用力，左腿用前脚掌的外侧用力。右腿前摆时，膝关节稍向内，同时前摆幅度要比左腿大些，左腿前摆时应稍向外。右臂摆动幅度和力量都要稍大于左臂，前摆时稍向左前方，后摆时肘关节稍向外，左臂稍离开躯干。弯道跑的蹬地与摆动方向都应与身体向圆心方向的倾斜趋于一致。

从弯道跑进直道的最后几米时，身体应逐渐减小内倾程度。

（三）200 米、400 米跑的体力分配

200 米跑时要特别注意动作放松。在体力分配上第一个 100 米要用接近最高速度跑（低于个人 100 米直道跑的最好成绩约 0.2～0.3 秒），第二个 100 米应竭尽全力跑完全程。

400 米跑时更要注意动作放松，步幅开阔，节奏明显。正确的体力分配是获得良好成绩的重要因素，目前 400 米跑多采用“匀速跑”，这样不至于过早地出现疲劳。后 200 米的时间一般比前 200 米增加 2～3 秒。短跑各个项目的体力分配还应体现个人的特点。

第二节　短跑的教学

短跑教学的主要任务是完善学生自然形成的快跑动作，使之成为规范的短跑技术，并使学生掌握放松、自然协调和富有弹性的大幅度短跑技术。

合理的教学顺序对短跑教学具有重要意义，短跑教学顺序首先从途中跑开始，然后进行起跑、起跑后的加速跑、弯道跑和弯道起跑及终点跑教学。

一、教学步骤和方法

（一）建立正确的短跑技术概念

1. 方法

（1）讲解短跑项目的技术特点以及发展概况。

（2）技术示范。做60米的短跑完整技术示范。

（3）观看优秀运动员技术图片、录像等，使学生了解短跑的基本技术。

2. 教法提示：讲解简明扼要，示范动作正确，并注意示范面。

（二）学习和掌握直道途中跑技术

1. 方法

（1）让学生做2～3次60米的反复跑，以便了解每个学生跑的情况。

（2）学习摆臂动作。原地成弓步站立，做前后摆臂练习。练习时讲清摆臂的动作要领：以肩关节为轴，前后自然摆臂，前摆时肘关节角度逐渐减小，后摆时肘关节角度逐渐加大，两手成半握拳或伸直手掌姿势，摆动协调有力。

（3）学习用前脚掌着地富有弹性的跑。要求跑时用前脚掌着地，做脚跟离地、富有弹性的慢跑，以后逐渐加大腿的摆动幅度并要求做出大小腿折叠前摆动作，跑的速度由慢跑过渡到中速跑。可采用小步跑和高抬腿跑等专门练习作为辅助性练习。

（4）中等速度的反复跑60～80米。要求跑速中等，跑的动作放松和协调，在步幅逐渐加大过程中体会摆动腿前摆着地动作要领。可采用高抬腿和车轮跑等专门性练习作为辅助练习。

（5）大步幅地反复跑60～80米。要求在体会正确的摆臂和摆动腿的动作要领时，做出摆动腿带髋前送的动作。可采用后蹬跑等专门练习作为辅助练习。

（6）变换节奏的加速跑80～100米。要求加速跑30米→惯性跑20米→加速跑30米→惯性跑20米。

2. 教法提示

（1）必须放松地完成上述所有练习。一旦出现动作过分紧张，就应停止加速。

（2）练习的重复次数要视学生的训练水平而有所不同。

（3）在途中跑教学中，教师应根据不同的练习内容和要求，从不同的角度进行观察。

（三）学习和掌握起跑和起跑的后加速跑技术

1. 方法

（1）学习起跑器的安装方法，让学生按普通式安装方法进行练习。在此基础上再适当调整起跑器的距离，以舒适和便于用力为准。

（2）原地站立，身体逐渐前倾，直到身体失去平衡时，随惯性向前跑出并顺势跑出20～30米。要求顺势跑出时，上体逐渐抬起，腿的蹬摆积极有力，逐渐加大步幅，两臂迅速有力地摆动。

（3）学习“各就位”、“预备”、“跑”的动作。学生可按统一的口令进行练习，体会动作要领。

（4）听口令做蹲踞式起跑练习，听到“跑”的口令后起跑，并加速跑20～30米。

（5）学习起跑和起跑后加速跑的技术。用橡皮带牵引或两人配合完成蹬离起跑器的起跑练习。

(6) 从蹬离起跑器进入起跑后的加速跑，让学生按起跑要求加速跑出 20～30 米。

(7) 学习起跑、起跑后的加速跑与途中跑的衔接技术。让学生集体按口令完成起跑，并加速跑 40～60 米，体会在加速跑结束后的 2～3 步做自然跑进，然后转入途中跑。

2. 教法提示

(1) 在起跑教学的开始阶段，不要过分强调身体的前倾，以免影响起跑和起跑后的加速跑的连贯性。但要纠正起跑第一步躯干突然抬起的错误动作。

(2) 在练习起跑时，要强调按口令做，不要养成抢跑的习惯。

（四）学习和掌握弯道途中跑技术和弯道起跑技术

1. 方法

(1) 圆圈跑。画两个半径为 15 米和 20 米的同心圆，让学生先站在 20 米半径的圆圈上，用慢速、中速和快速跑进。体会不同速度时，身体内倾程度及两脚着地部位的感觉。再用相同的速度分别沿 15 米和 20 米半径的两个半圆跑进。体会不同半径跑时，身体内倾程度及全身各部位动作变化。要求正确运用途中跑技术；随着速度的加快和半径的缩小，加大身体内倾的程度和其他部位的相应动作。

(2) 学习进入弯道跑的技术。先在直道上跑 15～20 米，接着惯性跑进弯道跑 40～50 米。要求在进入弯道前 2～3 步，有意识地加大右腿和右臂的蹬地和摆动力量，身体逐渐向左倾斜。

(3) 学习弯道进入直道跑的技术。从弯道弧顶开始跑，接着跑入直道。要求在跑出弯道的前几步，身体逐渐正直。跑出时应有几步放松惯性跑。

（4）学习弯道起跑器的安装和弯道起跑、起跑后的加速跑练习。

（5）学习完整的弯道跑技术。让学生进行120～150米的弯道跑，体会进弯道、弯道跑和出弯道的衔接技术。

2. 教法提示

（1）为了便于学生掌握弯道跑技术，速度应由慢到快，身体内倾时要强调整个身体向圆心方向倾斜，不仅是头和躯干向内倾斜。

（2）观察学生弯道跑技术，教师应提醒学生不要踏上或越过左侧分道线。

（五）学习终点跑的技术

1. 方法

（1）在慢跑中上体前倾用胸部做撞线动作，然后中等速度跑做胸部撞线动作。完成动作后不要立即停止，应顺势向前跑几步。

（2）快速跑40～50米，直接跑过终点（不做撞线动作）。在离终点前20米处加快步频和增大身体前倾角度，同时加快摆臂，迅速通过终点。

2. 教法提示：在做终点撞线动作时，要防止跳起撞线，撞线后，要逐渐减慢速度，以免发生伤害事故。

（六）改进和提高全程技术

1. 方法

（1）通过60米、100米反复跑，改进跑的技术，体会全程跑的节奏。

（2）进行技术评定。100米、200米测验和达标。

2. 教法提示

（1）这一阶段教学，要注意由各环节技术向完整技术过渡，以完整技术为主，以全程练习为主。

（2）这一阶段，跑的强度可以大一些，要在一定强度下，熟悉完整技术。可以计时检查跑的强度。

（七）学习和掌握跑的专门性练习

为了帮助体会短跑技术的动作要领，纠正错误动作，在短跑的教学中常用以下几个专门性练习。学习和掌握这些专门性练习，可在学习途中跑技术中进行。

1. 小步跑（图五6）

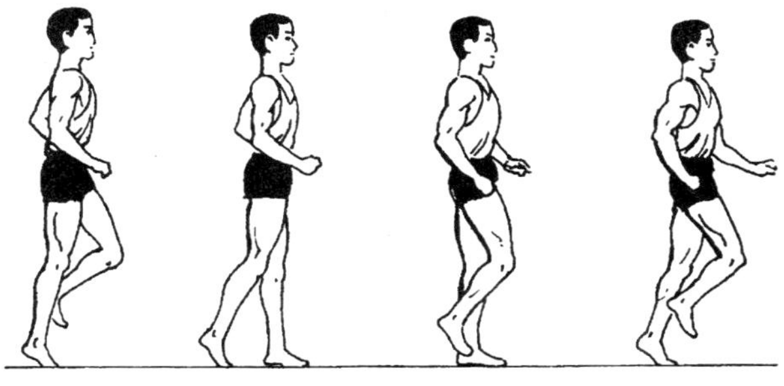

图五6　小步跑

（1）上体正直，头部自然放松，两眼平视前方，大腿抬起与水平线约成35°～45°。膝关节放松，然后大腿积极下压，小腿靠惯性前伸，脚掌积极“扒地”，脚尖缓冲着地，两臂自然前后摆动。小步跑要求步幅小而步频快。

（2）原地和支撑做小步跑练习，由慢节奏的小步跑逐渐加快步频。

(3) 小步跑的练习是帮助学生体会和掌握跑的“扒地”着地技术，也可作为提高动作速率的练习手段。

2. 高抬腿跑（图五 7）

图五 7　高抬腿跑

(1) 上体正直或稍前倾，头颈放松，眼平视前方，大腿抬起与躯干约成 90°角，然后积极下压，膝关节要放松，小腿下垂，用前脚掌缓冲着地，支撑腿髋、膝、踝关节要充分伸展，骨盆前送，两臂前后摆动配合两腿动作。

(2) 原地支撑高抬腿跑。

(3) 行进间做高抬腿跑练习。上体逐渐前倾，加快跑的频率，过渡到加速跑。

(4) 高抬腿跑能帮助学生体会和掌握跑的抬腿和摆动技术，也可作为发展大腿屈肌、腰腹肌力量的练习手段。

3. 后蹬跑（图五 8）

(1) 上体稍前倾，支撑腿快速有力地蹬伸，而摆动腿的膝领先向前摆出，然后大腿积极下压，小腿自然前伸做“扒地”动作。用前脚掌着地，两臂配合两腿动作前后摆动。

(2) 两腿交换跳，动作幅度由小到大，上体正直，蹬地时摆动腿向前上方摆出。

图五 8　后蹬跑

（3）从跨步跳过渡到后蹬跑，然后由后蹬跑过渡到加速跑。

（4）后蹬跑练习是帮助学生体会和掌握跑的蹬地与蹬摆配合技术动作，也可作为发展腿部爆发力的练习手段。

4. 车轮跑（图五 9）

图 五 9　车轮跑

（1）上体正直或稍后仰，大小腿折叠前抬，脚跟接近臀部，大腿向前摆动与躯干约成 90°，然后大腿积极下压，膝关节放松，小腿顺势摆出并尽量摆平，做“扒地”动作，前脚掌着地，两臂配合大腿的动作。

（2）原地做高抬大腿，顺势伸小腿和积极“扒地”动作。

（3）行进间做上述练习，在掌握动作的基础上加快频率。

（4）车轮跑的练习是帮助学生体会和掌握跑的两腿折叠和前摆的技术动作，也可作为发展大腿屈肌、腰腹肌力量和协调性的练习手段。

以上 4 种跑的专门性练习，不但可以帮助学习短跑的技术动作，而且在中长跑和跨栏跑等一些径赛项目中都可采用这些专门性练习作为教学的辅助手段。跑的专门性练习对掌握跑的基本技术具有相当重要的实用价值。

二、常见错误动作和纠正方法

（一）坐着跑

1. 产生原因

（1）对后蹬动作概念不清。在后蹬动作尚未结束时，急于完成摆腿动作。

（2）上体过于前倾，使髋关节产生补偿性的后移。

（3）腰、腹肌松弛无力，髋关节柔韧性差，后蹬时髋部的前送不充分。

（4）支撑腿力量差。

2. 纠正方法

（1）讲解在后蹬时髋、膝、踝三关节的用力顺序和充分伸展动作。

（2）后蹬时，强调摆动腿前摆带动同侧骨盆前送。

（3）加强腰腹力量练习。跑时强调腰、腹肌保持适当的紧张。

（4）跑时身体保持正直姿势，使髋关节积极前送。

（5）加强支撑腿的伸肌群力量练习，提高支撑能力。

（6）多做高抬腿跑和后蹬跑等专门性练习。

（二）摆动腿前摆过低

1. 产生原因

（1）后蹬动作结束后，大小腿没有充分折叠，使摆动半径加长，造成抬腿困难。

（2）后蹬动作结束后 ，小腿后摆幅度太大。

（3）髋关节的屈大腿肌群力量不足和伸肌群进度紧张。

（4）上体过分前倾，限制了抬腿动作。

2. 纠正方法

（1）讲清后蹬结束后大小腿折叠动作的重要性，并且反复做大小腿折叠前摆的辅助性练习。

（2）加强抬大腿的屈肌群力量和伸肌的柔韧性练习。

（3）跑时上体保持正直，使髋关节处于前移的姿势，便于摆动腿前抬。

（4）反复高抬腿练习。

（三）踢小腿跑

1. 产生原因

（1）想借前踢小腿来加大步幅。

（2）摆动腿前抬太低。在伸膝关节时，形成前踢小腿。

（3）后蹬结束后，大小腿折叠不够。

2. 纠正方法

（1）进一步讲清动作要领。

（2）摆动腿大小腿应充分折叠，大腿先高抬然后下压，小腿自然伸展。

（3）反复做高抬腿跑。

（四）支撑腿和摆动腿配合不协调，动作脱节

1．产生原因

（1）支撑腿蹬地伸展膝、踝关节时用力时间过早或过晚。

（2）摆动腿前摆消极无力。

（3）蹬地腿伸展和摆动幅度太小。

2．纠正方法

（1）讲清支撑腿与摆动腿配合的动作要领。

（2）做50～60米的快速跨步跳，要求蹬、摆动作快速且幅度大。

（3）做30～50米的蹬摆跳。

（4）用中等速度跑，体会蹬地腿与摆动腿协调用力。

（五）途中跑摆臂动作错误（如左右摆臂、以肘关节为轴的上下摆臂、摆臂无力和耸肩等）

1．产生原因

（1）对于正确摆臂动作的概念不清。

（2）臂、肩带肌肉无力或肩部过于紧张。

2．纠正方法

（1）讲清正确摆臂的技术要领与重要性。

（2）增强臂、肩带以及腰、背肌的力量。

（3）多做原地摆臂的练习。

（4）在中等速度跑时改进摆臂技术。

（六）起跑时抢跑

1. 产生原因

（1）有侥幸取胜的心理，猜枪声起跑。

（2）“预备”姿势时身体重心过分前移。

（3）比赛时过于紧张，不能控制动作。

2. 纠正方法

（1）调整起跑的“预备”姿势，做好起跑的心理准备。

（2）增强手指和臂的力量。

（3）延长或缩短“预备”到鸣枪的时间，培养听枪声起跑的习惯。

（4）严格遵守比赛规则。

（七）两腿蹬起跑器无力

1. 产生原因

（1）“预备”姿势时臀部抬得过高或过低。

（2）两脚没有压紧起跑器。

（3）起动时前后腿蹬、摆配合不协调，动作无力。

2. 纠正方法

（1）调整“预备”姿势，使两腿的膝关节角度处于最佳的发力姿势。

（2）反复做蹬离起跑器的专门练习。如用胶带牵引做起跑练习，体会蹬摆配合。

（3）反复做后腿蹬离起跑器配合前腿蹬伸的辅助练习。

（八）起跑后加速时上体抬起过早

1. 产生原因

（1）支撑腿的力量差、怕跌跤。

（2）头部过早抬起。

（3）两个起跑器之间的距离过近。

2. 纠正方法

（1）讲清起跑后加速跑的要领。

（2）加强腿部力量。

（3）用胶带牵引做起跑后的加速跑。

（4）适当增加两起跑器之间的距离。

三、教学注意事项

（一）对儿童少年的短跑教学应以学习和掌握正确的技术动作为主，不断提高跑的能力。教学内容是使学生学会放松、协调和自然的大步跑技术。随着年龄的增长，可以学习跑的一些专门性练习，掌握 60 米跑的起跑和途中跑的技术。

（二）对儿童少年进行短跑教学时，要考虑到他们的心理和生理特点。可以通过各种游戏和不同距离与不同形式的接力跑，以及以发展动作速度为主要内容的各种形式的分组比赛等手段进行教学。这不但能提高他们的学习兴趣，而且能在游戏过程中使他们掌握跑的技术，提高跑的能力。采用这些手段进行教学时，要严密地组织课堂教学，加强纪律和安全教育。

（三）对儿童少年进行短跑教学时应注意对直观性教学原则的运用。

（四）教学和训练要相互结合，在提高跑的技术的基础上，不失时机地优先发展速度。

（五）在蹲踞式起跑教学中，如果不具备起跑器，可以挖起跑穴代替。

第三节　短跑的训练

短跑属于高强度运动的项目，其成绩取决于运动员在全程中的反应速度、加速能力、最大速度的发挥和保持的能力。因此，短跑运动员需具备较高的全面身体训练水平和合理、完善的短跑技术以及其他素质等。这些必备的素质和合理技术，是通过多年系统的训练获得的。短跑的训练主要包括身体训练和技术训练两部分。

一、身体训练

短跑的身体训练可分为一般身体训练和专项身体训练。一般身体训练可采用各种距离的越野跑、变速跑、球类活动、各种徒手体操和垫上运动等来增强体质，提高一般耐力，发展灵巧性、柔韧性和协调性能力，以及通过俯卧撑、引体向上、负重练习和投掷实心球练习来发展一般力量。在一般身体素质发展的基础上，重点应进行专项素质的训练，包括速度力量、速度、速度耐力和专项所需的柔韧性、协调性等内容的练习。

（一）速度力量训练

速度力量，即短跑所需的专项力量，它包括爆发性力量和速度力量耐力。它们共同的特点是要求肌肉尽可能快地收缩做功。由于短跑全程跑中各阶段任务的不同，对力量要求也不同。如在起跑和起跑后的加速跑阶段，为了迅速摆脱身体静止状态，获得最大速度，需要克服较大的阻力，此时起主要作用的是爆发力；在途中跑阶段，由于身体已获得较大速度，只需要保持和略有提高这种快速的肌肉用力；终点跑时，由于疲劳的出现，要求保持高速度，不让其过分下降，此时是快速力量耐力起主要作用。短跑的速度力量训练一般采用各种跳跃练习和负重练习方法。

1. 跳跃练习

（1）发展爆发性力量练习：要求跳跃动作快速而连贯。

①立定跳远、立定三级跳远、立定五级跳远、立定十级跳远。

②三级蛙跳、五级蛙跳、十级蛙跳。

③单足三级跳、单足五级跳、单足十级跳。

④跳台阶、跳栏架（台阶和栏架的高度和数量可根据具体情况和练习要求选定）。

⑤跳深练习（从40～50厘米高处跳下，紧接着跳过障碍和跳过一定远度）。

⑥20～30米单足跳，60～80米跨步跳。

⑦30米计时单足跳，60米计时跨步跳。

⑧上坡30～60米跨步跳。

⑨60～80米单足交换跳（可一步单足跳一步交换跳，也可以两步、三步单足跳一步交换跳）。

⑩60～80米单足跳和跨步交换跳（可一步单足跳一步跨步跳交换，也可两步单足跳一步跨步跳交换）。

⑩60～80米后蹬跑。

（2）发展速度力量耐力的练习：要求跳跃动作幅度大而有节奏。

①80～150米跨步跳，200米后蹬跑。

②200～300米换腿弹性跳。

③80～200 米单足跳和跨步跳交换。

2. 负重练习

（1）发展爆发力的练习：要求肌肉快速用力完成动作。

①肩负杠铃最大负荷重量的 20%～30%做半蹲跳 8～10 次。

②肩负杠铃最大负荷重量的 20%～30%做弓箭步跳 8～10 次。

③肩负杠铃最大负荷重量的 30%～40%做弓箭步 6～8 步走。

④肩负杠铃最大负荷重量的 30%～50%做半蹲跳 6 次。

⑤肩负杠铃最大负荷重量的 40%～60%做半蹲起 6～8 次。

⑥肩负杠铃最大负荷重量的 60%～80%做半蹲起 2～3 次。

⑦负 3～5 千克沙袋跨步跳或单足跳 20～30 米。

（2）发展速度力量耐力的练习：要求快速用力动作有节奏，不走样。

①肩负最大负荷重量的 20%～30%，做半蹲跳、弓箭步跳 15～20 次。

②负 5～10 千克沙袋，做跨步跳，后蹬跑 80～100 米。

③负 7～10 千克沙袋，做台阶交换跳（台阶高度 30 厘米）20～30 次。

发展上肢和腰腹的肌肉力量可采用抓、挺和跳推杠铃练习、实心球的前后抛和负重的腰腹肌练习。

（二）速度训练

速度是短跑的主要专项素质。速度可分为反应速度、动作速度和位移速度。

1. 提高起跑的反应速度和起跑后的加速跑的练习

（1）听口令由俯卧或仰卧姿势迅速跑出。

（2）听口令由双手扶地的弓箭步姿势迅速跑出。

（3）学生相对站立，听口令迅速转身跑出。

（4）学生相对间隔 5 米站立，听不同数字口令后相互追逐跑。

（5）慢跑中听到不同的口令，迅速向前或向后转身跑出。

（6）听枪声或口令的各种距离起跑。

2. 发展速度的练习

（1）30～60 米站立式或蹲踞式起跑。

（2）30～40 米的行进间跑。

（3）顺风跑和下坡跑（坡度为 3°～5°）。

（4）原地快速高抬腿跑 10 秒。

（5）让距追逐跑或接力跑。

（6）60～80 米的计时跑。

（三）速度耐力训练

速度耐力是将最快速度保持到终点的能力。速度耐力与取得短跑优异成绩关系密切。发展速度耐力的方法有：

1. 100～150 米的重复跑。

2. 100 米快跑＋100 米慢跑（或 50 米慢跑）＋100 米快跑的变速跑。

3. 80～100 米的计时跑。

4. 300～500 米，强度 80％～90％的反复跑。

5. 各种距离的组合跑，如（100 米＋200 米＋300 米）和（100 米×3＋200 米×2＋300 米×1）。要求每次练习的间歇时间以心率降到120次/分为准。

（四）柔韧性训练

具有良好的柔韧性素质，有助于掌握正确的短跑技术，使跑的动作幅度增大，动作协调，更好地发挥其他素质的水平。柔韧性训练，主要是提高髋、膝、踝关节周围的肌肉、韧带的伸展性和弹性。柔韧性训练主要采用主动伸展练习和被动拉长相结合的方法，如压腿、摆腿、踢腿、体前屈、体侧屈、“桥”以及跨栏的各种专门练习。

由于柔韧性素质容易消退，因此必须保持经常练习。在练习时动作的幅度应逐渐加大，以免拉伤肌肉或韧带。

二、技术训练

短跑的成绩，不仅取决于学生的一般身体素质和专项身体素质，更重要的是要掌握合理的短跑技术。短跑的技术训练应贯穿于全年训练的各个阶段。由于全年训练各阶段的任务不同，技术训练在各阶段的要求也不同，在冬季可进行一些短跑技术的分解练习以及蹬地、摆腿、送髋和着地等技术环节的练习，春、夏季主要抓短跑的全程完整技术。不论是分解练习还是完整的技术练习，都要反复练习。步长和步频是决定跑速的两个主要因素，因此在短跑的技术训练中，提高步长和步频始终是一项重要的内容。

短跑技术训练通常采用以下练习：

1. 跑的专门性练习：小步跑、小步跑接加速跑、高抬腿跑、高抬腿接加速跑，后蹬跑、后蹬跑接加速跑，车轮跑、车轮跑接加速跑。

2. 各种距离的弹性跑，发展踝、脚趾关节的肌肉力量，以提高着地和蹬伸效果。

3. 跑和后蹬跑一步一交换腿跑，增强髋、膝、踝和脚趾关节的肌肉力量，以提高支撑时期送髋的技术。

4. 各种距离的跳步跑、前后交叉步、左右侧滑步练习，以提高髋关节的柔韧性和协调性。

5. 20～30 米单足跑。

6. 不同距离标志的节奏跑。

7. 摆动腿的大小腿折叠前摆走或者前摆跑。

8. 原地徒手或负重摆臂练习。

9. 站立式起跑、蹲踞式起跑和全程跑。

10. 弯道跑、弯道进入直道跑和直道进入弯道跑。

三、训练注意事项

(一)在儿童少年时期应采用多种多样的手段进行全面身体训练，以促进身体各器官和组织的机能平衡发展。

(二) 短跑的速度训练是一种大强度的训练，对身体各系统要求较高。因此，速度训练应安排在训练课的前半部分，在体力充沛的情况下进行。

(三)在儿童少年时期应不失时机地抓住短跑所需素质的发展“敏感期”进行训练，如在 9～11 岁，在发展速度，尤其是发展动作速度与频率方面具有较好的效果，在 14～16 岁时有利于发展速度力量素质，在 10～11 岁前应及时发展柔韧性和关节的灵活性。

(四) 短跑技术训练要从小抓起，必须使他们掌握正确的短跑基本技术，掌握放松、自然的大步跑，培养合理的用力顺序。

(五) 儿童少年时期的力量训练不能追求大负荷。可以采用一些快速的跳跃为主的练习手段，但数量和次数不宜过多。

（六）选拔优秀的短跑苗子，要依据科学的标准，但并不排除经验选材，而且要把二者结合起来，以提高准确率，减少失误。

（七）训练的组织要严密，注意安全，防止伤害事故。

第四节　接力跑

接力跑是田径运动中一项集体配合的径赛项目。进行接力跑的教学和训练，不但可以发展灵巧和速度等素质，还可以培养学生守纪律和团结协作的集体主义精神。

短跑的接力项目有 4×100 米接力（男、女）、4×400 米接力（男、女），少年还增设了 4×300 米接力（男、女）。接力跑作为介绍项目，本书只介绍 4×100 米接力跑技术。

接力跑技术包括起跑技术和传接棒技术。

（一）起跑

1. 持棒人起跑：第一棒传棒人以右手持棒，采用蹲踞式起跑，起跑技术和 200 米起跑技术相同。持棒的方法是持棒的右手用中指、无名指和小拇指握住棒的末端，用大拇指和食指分开撑地，使接力棒离开起跑线和起跑线前的地面（图五 10）。

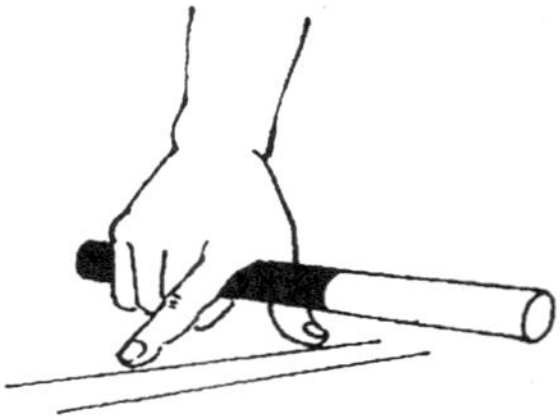

图五 10　起跑持棒的方法

2. 接棒人起跑：第二、三、四棒

的起跑常采用站立式起跑或半蹲踞式起跑（图五11）。接棒人站在接力区后端或预跑线内（速度快的接力队都利用预跑线），两脚前后分开立，两膝弯曲，上体前倾。二、四棒接棒人站在跑道外侧，左腿放在前面，右手撑地，身体重心稍向右偏，头转向左后方，注意跑来的同队队员和起动标志线；第三棒接棒人在跑道的内侧，右腿在前，左手撑地，头部右转，注意跑来的同队队员和起动标志线，当传棒人跑到起动标志线时，接棒人便迅速起跑。

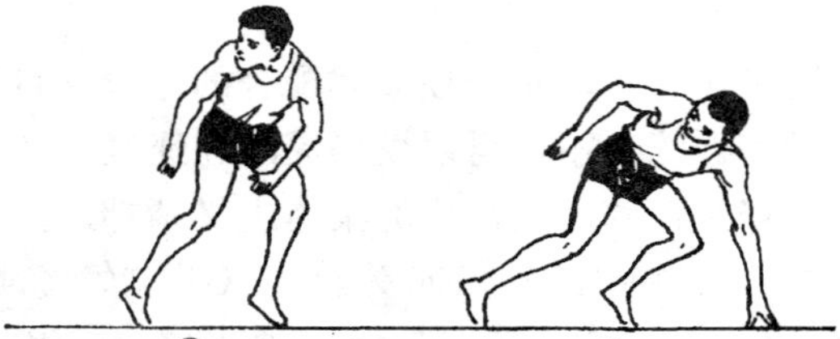

图五11　接棒队员的起跑姿势

3. 传接棒的方法：目前有三种传接棒的方法：

（1）上挑式：接棒人手臂自然向后伸，手臂与躯干约成40°～45°角。掌心向后，拇指与其他四指自然张开，虎口朝下，接力棒从下向上方送入接棒人手中（图五12②）。这种传棒方法的优点是接棒人向后伸手动作比较自然，容易掌握。缺点是第二人接棒后，手已经握在接力棒中间，待第三人传给第四人时，只能握住接力棒的前端，容易掉棒。

（2）下压式：接棒人的手臂后伸，手臂与躯干约成50°～60°角，掌心向上。拇指与其他四指分开，虎口张开朝后，传棒人将棒的前部由上向下传入接棒人手中（图五12①）。这种传棒方法的优点是接棒人握住棒的一端，下次传棒时便于把接力棒的另一端送到接棒人手中，缺点是接棒人手腕较紧张。

（3）混合式：综合上述两种方法的优点，混合使用传接棒方法。

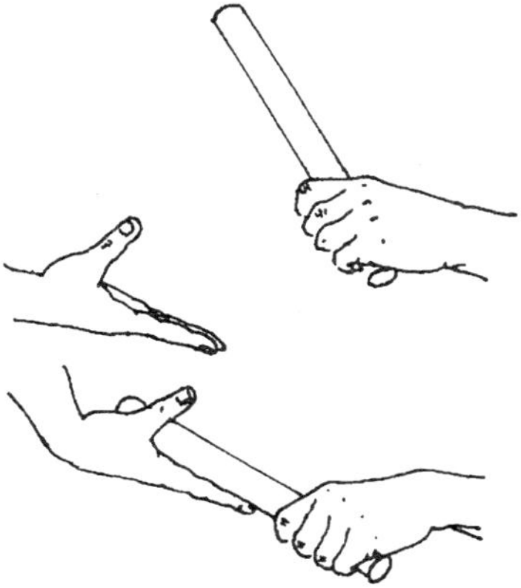
①上挑式

②下压式

图五 12　传接棒的方法

无论采用哪种方法传接棒，接力棒的传递顺序都应是一、三棒队员沿着跑道内侧跑进，以右手分别传给二、四棒队员左手。二、四棒队员沿着跑道外侧跑进，第二棒队员以左手传给第三棒队员的右手。

（二）传接棒的位置

1. 传接棒的位置：接棒人站在预跑线内或接力区后端，当传棒人跑到起动标志线时，开始迅速起动，当传棒人跑进离接力区前端 4～5 米、离接棒队员 1.5 米处时，立即发出“接”的信号，接棒人迅速后伸手臂，共同完成传接棒（图五

13)。

2. 标志线的确定：接力跑各棒的起动标志线，是根据传棒人最后的速度、接棒人的起动速度以及他们的传接棒技术的熟练程度而确定。一般可通过公式求出。标志线的距离＝传棒人最后30米的速度×接棒人起动到传接棒时所需的时间（接棒人起动后到接棒时的距离－传接时两人之间的距离）。

图五13　传接棒动作

（三）各棒次的安排

一般是将起跑快和弯道技术好的队员安排跑第一棒；跑第二棒要求由速度耐力好和传接棒技术好的队员担任；第三棒队员除了具备第二棒的条件外，还要善于跑弯道；把100米成绩好和冲刺能力强的队员安排跑第四棒。

第六章　中长跑

中长跑是田径运动中的径赛项目之一。从事中长跑活动能改善人的呼吸系统和血液循环系统的功能,发展耐力素质,培养坚毅顽强、吃苦耐劳和战胜困难的品质，增强体质，提高健康水平。

我国的中长跑运动从 80 年代末开始发展很快,女子中长跑项目尤为突出。进入 90 年代初我国女子中长跑水平已跨入了世界先进行列。以王军霞、钟焕娣、曲云霞等人为代表的一批女子中长跑优秀选手，在重大的国际和国内中长跑比赛中多次取得优异成绩和打破世界纪录。在第 25 届巴塞罗那奥运会上曲云霞荣获女子 3000 米比赛的第 3 名，刘丽获 1500 米跑的第 5 名，从而显示出中国女子中长跑的实力。更值得自豪的是在第 26 届亚特兰大奥运会上,王军霞经过顽强的拼搏,一举夺得了女子 5000 米比赛的金牌和 10000 米比赛的银牌，震动了世界体坛。

第一节　中长跑技术和战术

中长跑的技术结构与短跑基本相同，但也有一定差异。

一、起跑和起跑后的加速跑

中长跑的起跑，一般采用站立式，也可用半蹲踞式起跑。发令前要求赛跑者站在起跑集合线后（800 米比赛起跑时运动员站在起跑线后），听到“各就位”口令后，走到起跑线后，两脚前后开立，一脚在前面，紧靠起跑线后沿，另一脚在后，距前脚的距离约为一脚长（约 20～25 厘米），两脚左右间隔约为半脚长（约 15～20 厘米），身体重心落在前腿上，后脚用前脚掌支撑站立。两腿弯曲，上体适当前倾（稳定身体）。前腿的异侧臂，自然弯曲在体前，同侧臂在体侧，头部前倾，身体保持稳定姿势，集中注意力听枪声或跑的口令（图六 1①）。

图六 1　中长跑的起跑

听到枪声或“跑”的口令时，两腿用力蹬地，后腿迅速前摆，两臂配合两腿动作做快而有力的前后摆动，使身体迅速向前冲出（图六 1②）。

起跑后的加速跑时，上体前倾稍大，摆臂、摆腿和后蹬的动作都应迅速而积极。由加速跑过渡到途中跑的距离，应根据比赛项目、个人训练水平及战术要求等情况而定。800 米跑比赛的加速跑必要时要跑过抢道线；1500 米比赛的加速跑要跑到直道末端才结束。然后进入匀速而有节奏的途中跑。

二、途中跑

途中跑是中长跑的主要组成部分，正确掌握与合理运用途中跑的技术极为重要。下面将对途中跑的基本技术进行分析。

（一）上体姿势

途中跑时上体应保持正直或稍向前倾约5°（图六2），胸部稍向前挺，腹部微收，头部与躯干成一直线，颈部肌肉放松，两眼平视前方。

图六2　中长跑的上体姿势

（二）臂部动作

正确的摆臂动作有助于两腿的摆动，并有利于身体的平衡。正确的摆臂技术应是两手半握拳，肘关节弯曲约90°，以肩关节为轴自然地前后摆动，肩带肌肉尽量放松，摆臂的幅度不要太大，尽量做到“前不露肘，后不露手”（图六3④），摆臂动作应该和上体及腿部动作协调一致。

（三）腿部动作

1. 后蹬：在一个跑步的周期中，当身体重心移过支撑点上方以后，就进入了跑的后蹬阶段。当摆动腿通过身体垂直部位向前摆动时，支撑腿的各个关节应迅速蹬伸。蹬伸动作首先从伸展髋关节开始，当身体重心离支撑点上方垂直面较远时，再迅速有力地蹬伸膝关节和踝关节，最后用脚趾蹬离

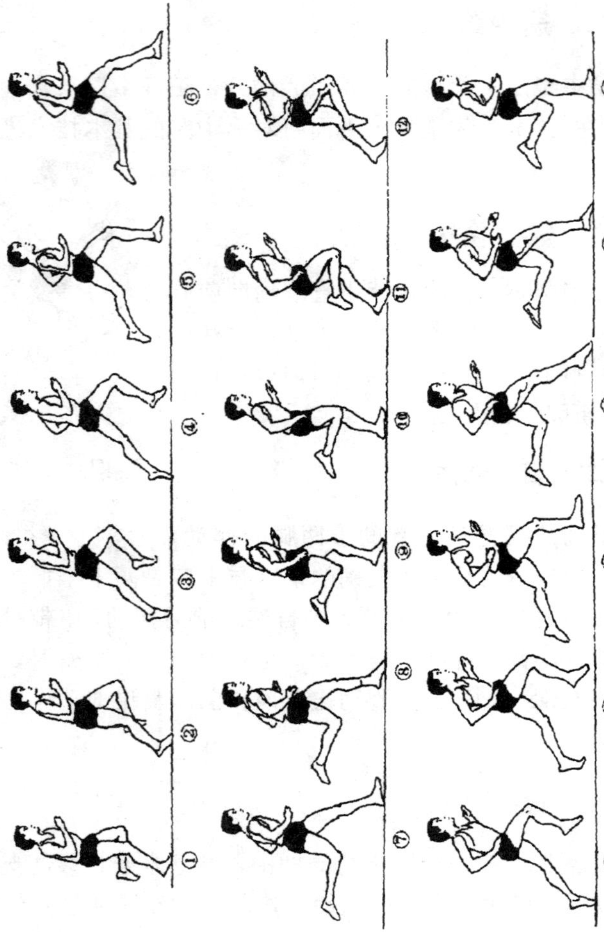

图六3　中长跑的途中跑

地面，使支撑反作用力推动身体向前移动。蹬地时，不仅腿部大肌肉群参加工作，而且脚掌的小肌肉群也积极用力。后蹬结束时，后蹬腿几乎伸直（在塑胶跑道上跑时并不强调完全伸直）。

中长跑的跑速低于短跑，后蹬用力比短跑小。但是后蹬动作要积极有力，后蹬时髋、膝、踝关节蹬伸的动作应快而充分，保证身体迅速向前移动。

在动作协调省力的前提下，摆动腿应积极地向前上方摆动，以增大地面的支撑反作用力，加快蹬地速度，增大步长，使髋部更好地前移，以带动身体重心向前移动。在大腿前摆的过程中，小腿要保持放松。

2. 腾空：后蹬腿蹬离地面后，人体进入腾空阶段，此时应尽量放松蹬地腿的肌肉，并积极地将大腿向前上方摆出。摆动时，大小腿应随惯性自然折叠（缩短摆动半径，加快前摆速度）。当摆动腿摆至与地面垂直时，摆动腿的膝关节应稍低于支撑腿的膝关节（图六 3⑨⑩）。摆至最高点后，摆动腿以髋关节为轴积极下压，小腿自然向前下方伸展做好着地准备。

3. 着地缓冲：摆动腿的脚着地有三种方法：一是前脚掌着地，这种落地的方法，能减少着地时的阻力，有助于缩短支撑阶段的时间，较快地转入后蹬。但训练水平较低者较难做到和保持。另一种方法是全脚掌着地再很快滚动到脚前掌，采用这种方法较为省力，对较长距离的跑比较适宜。第三种方法是用脚跟着地并迅速滚动到前脚掌，适合于公路跑。

中长跑时，脚着地点比短跑更靠近身体重心投影点（约 25～30 厘米），脚的“扒地”动作虽然没有短跑那样明显，但在脚着地时同样靠小腿和脚的向后动作来减少落地时的制动。

（四）弯道跑的技术

中长跑比赛中，运动员弯道跑的距离占比赛全程的一半以上。因此，正确掌握弯道跑技术具有重要的意义。

为了克服弯道跑时身体产生的离心力，跑时身体应向内倾斜，右肩稍高于左肩。两臂摆动时，左臂靠近身体摆动，向前摆动的幅度较大，右臂稍微离开身体前后摆动，向后摆动的幅度较大。脚着地时，左脚用脚外侧，右脚用脚内侧着地。头部与身体一起向内倾斜。中长跑比赛时，运动员应尽量靠近跑道内沿或内侧分道线跑进。超越对手时，最好在直道上进行。

三、终点跑

中长跑的终点跑是指临近终点最后一段距离的冲刺跑。选择冲刺跑的时机，要根据比赛的项目、个人训练水平、战术安排和临场情况来决定。通常 800 米跑时可在最后 200～250 米开始加速并逐步过渡到冲刺跑。1500 米跑可在最后 300～400 米逐步加速。耐力较好而速度较差的运动员，加速冲刺跑的距离还可加长。顽强的意志品质对终点的冲刺跑会起很大的作用。

四、中长跑的呼吸

中长跑时的呼吸非常重要，它与合理的技术有密切的关系。为了保证运动时人体对氧气的需要，呼吸必须有一定的深度和频率。呼吸的方法是用鼻和半张开的嘴进行，呼吸的节奏要和跑的节奏配合，一般是跑两步一次呼气，跑两步一次吸气。随着疲劳的出现，呼吸会加快，因此要特别注意加强呼气。由于氧气供应满足不了肌肉活动的需要，所以跑到一定的阶段会出现胸闷、呼吸困难、呼吸节奏紊乱、跑速低而难以坚持下去的感觉，这种现象就是通常所说的“极点”，出现“极点”是正常现象。当“极点”出现时，应注意做深呼吸，特别是要加深呼气，适当调整跑速，坚持跑下去，过一段时间就会恢复正常。

五、中长跑的战术

中长跑的战术一般有下列几种：匀速跑、领先跑、跟进跑、变速跑等。采用何种战术，应根据自己的竞技水平及场上对手的情况而定。

六、越野跑

越野跑是中长跑练习中发展一般耐力的有效方法。目前，国际田联把越野跑作为正式的比赛项目。由于地势环境的变化，越野跑时可以避免在田径场内练习时环境单调、易产生疲劳的缺点，而且能充分利用阳光、新鲜空气等自然条件锻炼身体。

越野跑时由于地形的变化，运动员身体的姿势和落地的方法要经常改变。上坡时上体要前倾，步幅可适当缩短，尽量用前脚掌着地。在沙地上跑时，步幅较小，步频较快。在草地上跑时，用全脚掌着地，眼看前下方，注意脚下的坑洼和石头。在树林中跑时，注意避免被树枝擦破身体和头部，并应注意保护眼睛。在公路上跑时，应注意交通安全。

越野跑时一般采用匀速跑或变速跑。

第二节　中长跑的教学

中长跑的技术教学应以途中跑为主。在教学过程中，要培养学生吃苦耐劳的精神，还应采取多种多样的教学手段，变换跑的形式，避免使学生感觉枯燥和单调，以调动学生的积极性。

一、教学步骤和方法

（一）使学生了解中长跑的技术

1．教学方法

（1）简要讲解中长跑的发展概况和中长跑的基本技术。

（2）观看中长跑的技术图片和录像等。

（3）进行中长跑的技术示范，跑1～2次100～200米。

（4）让学生体会中长跑的技术，男生中速跑200～300米，2～3次；女生中速跑150～200米，2～3次。

2．教法提示

（1）在教学前应了解学生情况，以便区别对待。

（2）通过以上教学法了解学生跑的技术、体力等情况作为教学参考。

（二）学习途中跑的技术

途中跑的技术教学，以完整教学法为主，让学生掌握合理的跑的技术和正确的呼吸方法。

1．教学方法

（1）中速跑60～100米，学习跑的正确姿势。

（2）加速跑60～100米，培养学生跑的正确姿势，发展速度素质，跑时应逐步加快跑速，最后达到较高速度，使学生在较高跑速中仍能保持正确姿势。

（3）加速跑60米→惯性跑20米→加速跑60米→惯性跑20米。使学生在较高速情况下体会和学习惯性跑技术。

（4）跑走交替进行练习

要求：

①跑的动作要轻松协调，用前脚掌和全脚掌着地均可。

②随着跑速的逐渐减慢自然过渡到走。

③跑与走时应始终注意呼吸与步伐节奏相配合。

④开始练习时，跑的距离较短，走的距离较长。随着耐力的提高，逐渐增加跑的距离，缩短走的距离。

⑤利用自然环境的地形进行练习。

（5）定时跑：以均匀的速度跑一定的时间。

要求：

①按一定的间隔时间向练习者报时，以便分配体力和掌握跑的速度。

②要求逐步提高跑速，提高跑的能力。在规定时间内跑完预定的距离。

（6）反复跑：按一定的速度，跑完规定的距离和次数。

要求：

①控制跑速，跑的距离越长，则跑速要低，休息时间要长，重复次数要少。

②采用走或轻松慢跑进行休息。

③跑的速度、距离、次数和间歇时间，应根据学生具体情况而定。

（7）变速跑：快跑与慢跑交替进行。

要求：

①快跑段与慢跑段距离可以相等，也可以不相等。初学阶段快跑距离不宜过长。

②快跑时用中等以上速度为宜。

（8）越野跑或利用自然地形跑

①随着地形的变化，身体姿势与脚落地的方法要相应改变。

②通常采用匀速跑。在提高耐力的基础上可采用变换速度的越野跑。

2. 教法提示

（1）应根据学生年龄、性别、体质情况安排训练负荷。集体练习时把训练水平相近者分在一组。

（2）先进行直道跑的练习，然后学习弯道跑技术。

（3）经常变换练习形式，使练习内容不仅生动活泼，而且又有一定的负荷量。

（三）学习站立式、半蹲踞式起跑和起跑后的加速跑技术

1. 教学方法

（1）行进间做弓箭步走练习，练习时上体前倾，头稍低，听到信号后迅速向前跑出。

要求：反应迅速、蹬地有力。

（2）原地站立，身体前倾顺势跑出，跑 20～30 米。

要求：身体前倾时动作不要过猛，不要屈髋，跑出时积极蹬地。

（3）站立式起跑和起跑后加速跑。

要求：

①做好“各就位”动作后，身体保持稳定。

②起跑后两臂积极摆动，两腿积极蹬摆。

③加速跑时，逐渐加大步幅，身体逐渐抬起，速度逐渐加快。

（4）半蹲踞式起跑和起跑后加速跑。

要求：

技术基本同站立式起跑和起跑后加速跑，但对学生的腿部快速用力要求更高。

(5)个人或分组在直道和弯道上按口令做站立式起跑、蹲踞式起跑和起跑后的加速跑 30～100 米。

要求：不分道练习时，外道学生不要过早向内道切入，以免发生冲撞。

（四）掌握和改进中长跑技术

1. 教学方法

（1）按水平分组，进行 200～400 米反复跑。

（2）按水平分组，匀速跑 600～1200 米。

(3)按个人计划和体力分配方案：男生跑 1200～1500 米，女生跑 600～800 米。

2. 教法提示

（1）全程跑时注意跑的节奏与呼吸的配合；注意体力的分配，可结合战术进行练习。

（2）区别对待，掌握好运动负荷量。

（3）练习时，由一人计时兼报时，记录分段成绩与出现的错误动作。练习间歇时小结练习情况并提出要求。

二、常见错误动作和纠正方法

（一）起跑后的加速跑时上体过早抬起

1. 产生原因：起跑蹬离地面时躯干前倾不够，腿部力量较小。

2. 纠正方法

（1）做起跑后加速跑的辅助练习。

（2）做负轻重量的跳跃练习，发展腿部力量。

（二）途中跑时动作紧张不协调

1. 产生原因

（1）上体过于前倾或后仰。

（2）放松肩部和腿部的能力差。

（3）跑的节奏与动作的配合不协调。

（4）柔韧性差，身体全面发展不够。

2. 纠正方法

（1）让学生了解并掌握跑的节奏与呼吸配合的方法。

（2）多做柔韧性和灵活性练习。

（三）后蹬无力“坐着跑”

1. 产生原因

（1）髋、膝、踝关节灵活性、柔韧性差，下肢肌肉群力量差。

（2）上体过分前倾，使躯干向前倾斜，髋部产生补偿性后移。

2. 纠正方法

（1）加强腰部力量练习和柔韧性练习，注意增强脚掌肌群的力量。

（2）做后蹬跑、跑台阶、上坡跑、沙地跑，注意摆动腿和髋前送动作。

（3）做各种跑的练习时注意躯干的正确位置。

（四）身体重心起伏过大，跑的直线性差

1．产生原因

（1）后蹬角度过大，摆臂方向不正确。

（2）脚着地时成“八字形”或两腿力量不均匀。

2．纠正方法

（1）注意膝关节向前方摆动，跑时后蹬角度适宜。

（2）加强弱腿的力量练习。

（3）增加手臂和肩带肌肉的力量，做持哑铃摆臂等各种形式的摆臂练习，改进摆臂技术。

三、教学注意事项

在小学里开展中长跑的教学，主要是发展学生的一般耐力，提高内脏器官的功能，同时发展力量、协调等身体素质。对将来从事小学体育工作来说，必须掌握中长跑的基本技术和教法，并要结合小学生的特点和耐力素质发展的规律安排教学。

（一）根据儿童少年年龄特点安排教学

1．小学低年级，应以走跑交替和游戏为主。

（1）20～30 米走跑交替练习。要求快速走过去，慢速跑回来。

（2）20～30 米往返跑。慢速跑过去，中速跑回来等。

2. 小学中年级和高年级，可采用 800～1500 米跑。

（1）200～400 米走、跑交替，中速跑 200 米，走 200 米。或中速跑 100 米，走 100 米等。

（2）800～1500 米走、跑交替。

要求：随年龄的增长和耐力的加强，逐渐加长跑的距离，加快跑的速度。

（3）走、跑交替进行越野跑、爬山等。

（4）各种形式的接力跑和游戏等。

（5）400、800、1500 米跑。

（二）教法要多样化，使学生不感到枯燥和单调。

对低年级学生可以采用音乐伴奏下的耐力活动，使学生在游戏和玩耍中自然地发展耐力。

（三）教学时要合理选择走和跑的段落。

（四）组织好课堂教学，加强教育。

第三节　中长跑的训练

中长跑训练是在一般身体训练的基础上，采用长时间的连续跑、各种段落跑、在特殊条件下跑（山坡跑、软地跑、高原跑）为主的综合训练，使运动员在中长跑项目上取得优异成绩。当前中长跑训练发展的趋势是在增加跑量的基础上，提高训练负荷强度和抓好训练后的恢复。

一、身体训练

身体训练是指发展运动员的速度、力量、耐力、柔韧性、灵敏性和协调性等素质训练的总称。身体训练水平是运动员身体健康水平、各器官系统的机能能力、各项身体素质发展水平综合反映。提高身体训练水平，也是提高中长跑水平的关键所在。身体训练包含一般身体训练和耐力训练两个方面。

（一）一般身体训练

中长跑运动员的一般身体训练是指对掌握技术、提高成绩起重要作用的速度、一般耐力、力量、柔韧及灵敏性等方面内容的训练。

1．速度训练

速度素质一般是指人体快速完成某一动作或在某一距离中快速移动的能力。对中长跑而言，重要的是动作速度和移动速度（即跑速）。因此，速度训练是中长跑运动员的重要素质之一，应全年进行训练，努力达到一定的速度水平，运动员在参加中长跑训练的初期或进行专项训练前，应努力提高速度水平。

（1）发展速度的主要方法手段

①跑的专门练习：30～100 米的加速跑、起跑、行进间跑；60～200 米的重复跑、变速跑、接力跑。

②借助外力的短距离跑（如顺风跑、下坡跑等）。

③各种速度练习和速度性游戏等。

（2）训练安排和要求

①在基础训练阶段中，应特别重视速度训练。其内容的比重为 30％～25％，重点是发展动作速度和频率，其次是发

展移动速度（即跑速）。

②发展速度的手段应多种多样。每次速度练习的跑量一般控制在300～700米之间，练习间隔时间通常为5～8分钟。

③进入初级专项训练阶段及以后各阶段中，动作速度训练的比重有所减少（在三个阶段中分别约为25%，20%和15%），训练的重点应转向以移动速度为主。练习手段逐步变换为从站立式起跑开始的短距离跑或行进跑、变速跑为主。每次课的练习量应有所增加。

④经常参加一些短距离的比赛。

2. 发展一般耐力的主要方法与手段

一般耐力是指较长时间坚持中等强度运动的能力。它主要是发展人体有氧代谢的能力。一般耐力是构成专项耐力的一个主要因素，它与中长跑成绩的提高有着重要的关系。

（1）发展一般耐力的主要手段

①长时间或较长时间的中等强度跑或慢跑。包括越野跑、竞走、耐力性的变速跑、“法特莱克”跑等。

②其他体育项目练习。如球类练习、游泳、骑自行车等。

（2）训练安排和要求

①要注意合理安排训练节奏，循序渐进，严格控制好训练负荷。

②在基础训练阶段，一般耐力训练的比例为20%～25%。练习的主要手段应以耐力性游戏、循环练习和中等距离的越野跑为主。练习的距离，在13～14岁时，不应超过4000～5000米，14～15岁时，可延长到6000～8000米，15～16岁时，可进行8000～10000米的越野跑。

③在初级专项训练阶段及以后的各个阶段中，一般耐力训练的比重逐渐增加（可达50%），练习手段也逐渐转为以长

距离的越野跑为主。跑的段落最长距离以 20～25 公里为宜。练习强度以中上等强度为主。如果用脉搏数控制练习强度时，练习结束时以每 10 秒种 25～27 次/秒为宜。

3. 力量训练

力量是肌肉收缩时所表现出来的克服阻力的一种能力。根据中长跑的特点，力量训练应以发展力量耐力为主，发展力量的部位应以发展腿部力量为主，躯干和两臂力量为辅。

（1）发展力量采用的主要方法手段

①各种跳跃练习：立定跳、多级跳、单足跳、跨步跳、蛙跳、跳远和各种跳跃性游戏。

②俯卧撑、立卧撑、俯撑屈伸腿。

③轻器械练习：使用实心球、哑铃、沙衣、沙袋进行练习等。

④利用地形条件进行练习：山坡跑、沙滩跑等。

⑤器械体操：做单杠、双杠等练习。

⑥其他负重练习：使用 10～15 公斤重的杠铃快挺或推、肩负杠铃弓箭步走或交换跳等。

（2）训练安排和要求

①在基础训练阶段中，力量训练所占比重为 15%，以后各阶段逐渐降为 10%和 5%。

②每次力量练习的间隔时间以 2～3 天为宜。

③每次力量练习后要做放松整理活动。

4. 柔韧性和灵活性练习，如徒手操，垫上练习，各种屈体、转肩、压腿、劈叉及髋、膝、踝等关节的活动。练习一般都安排在早操及准备活动时进行。

（二）专项训练

专项训练主要是指专项耐力和速度的训练。专项耐力是指人体在一定时间内持续进行大强度专项运动的能力。在中长跑中，则是以较快的速度跑完全程的能力。

1．专项训练的主要手段

（1）长时间或较长时间的专门练习。

（2）短于或略长于专项距离的重复跑。

（3）等距离或不等距离的变速跑。

（4）较长距离的大强度越野跑。

（5）各种距离的计时跑、比赛等。

2．训练安排和要求

（1）在基础训练阶段中，发展专项耐力的比重占5%～10%，在进入初级专项训练阶段及以后的各个阶段中，其比重分别增加至15%和25%。

（2）发展专项耐力的训练，其负荷量、强度的安排一般应根据运动员的训练水平、各时期的任务而定。练习时的心率通常为150～180次/分。

（3）严格训练、严格要求。

二、技术训练

掌握合理、先进的技术是充分发挥运动员的体能、创造优异成绩的重要因素之一。因此，必须重视。

（一）中长跑的技术

中长跑的技术主要是表现在跑的动作轻松、协调、自然，身体各部位肌肉用力的顺序、方向和时机合理，跑时身体重心积极前移，蹬地效果好，动作省力。

（二）训练安排和要求

1．技术训练应贯彻全年。

2．建立正确的技术概念，打好技术基础。

3．提高动作的速度和频率，掌握“高频跑”技术。

4．技术训练不仅要在中等强度中进行，还应逐步在大强度练习中进行。

6．技术训练要与发展身体素质结合起来。

三、战术训练

战术是根据比赛情况，正确的分配体力，充分发挥自己的特长，限制对方特长而采取合理有效的行动。正确掌握和合理运用战术，能充分、合理地发挥和运用运动员的技术、体能，创造好的成绩或取得较好的名次。战术训练应溶化在专项耐力训练之中。

（一）战术训练的方法

1．向运动员讲授运用战术目的、方法等方面的理论知识。

2．培养运动员的“速度感”。

3．模拟战术训练

（1）成组相同内容的模拟训练。

（2）成组不同内容的模拟训练。

4．利用竞赛机会，组织观摩比赛。

5．参加比赛，对参赛运动员做好战术安排，提出要求，赛后进行总结分析。

（二）训练安排和要求

1. 战术训练应在基础训练阶段后期开始。

2. 在战术训练中，应让运动员掌握几种战术方法。

四、训练注意事项

（一）儿童少年中长跑训练应以全面身体训练为主，打好身体素质的基础。

（二）儿童少年中长跑训练应根据其年龄特点，主要进行一般耐力的训练，并适当安排专项耐力的训练。

（三）儿童少年中长跑训练应重视速度素质和技术的训练。

（四）儿童少年中长跑训练应重视意志品质的培养。

（五）儿童少年中长跑训练应重视运动后的恢复。

（六）训练课应有严密的组织，课前做好准备活动，课后做好整理活动，冬天在野外训练时要注意防寒，预防伤病和事故的发生。

第七章　跨栏跑

跨栏跑是在快速跑进中依次跨过一定数量栏架的径赛项目。奥运会田径比赛跨栏跑的项目有男子110米栏、女子100米栏和男女400米栏。我国为推动跨栏跑运动的普及与提高，在少年组还增设有男子300米栏、女子80米栏和男女200米栏的比赛。

从事跨栏跑运动能有效地发展速度、力量、灵敏、柔韧和协调等身体素质，培养勇敢、果断、顽强、拼搏的精神。

第一节　跨栏跑技术

跨栏跑主要是由过栏和栏间跑的技术组成。它要求运动员具有良好的速度、合理的过栏技术与栏间跑节奏的协调配合能力，在最短时间内完成最大强度的工作。因此，跑与跨栏的动作连贯是跨栏跑的技术关键。跨栏跑的技术特点是有节奏的快跑与合理的跨栏步技术相结合。跨栏跑的成绩取决于运动员的速度、过栏技术和跑与跨衔接的能力。它的技术结构属于非对称性的周期性运动。

一、直道跨栏跑的技术

（一）男子110米跨栏跑技术

110米栏的栏架高106.7厘米（少年为91.4厘米），栏间距离9.14米，要在最短时间内连续跨越10个栏架，是跨栏跑中技术难度最大的项目。

1. 起跑到第一栏前的技术

起跑到第一栏距离为13.72米。一般用8步跑到起跨点（也有跑7步的）。在离栏架约2米处迅速准确地起跨越过第一个栏架。起跑到第一栏的任务是快速有力的起跑，尽快发挥速度，步点准确地跨越第一栏，并能获得较大的冲力向前继续加速，为全程跑创造良好的快速节奏。

110米栏采用蹲踞式起跑。起跑器的安装方法及起跑的动作与短跑起跑技术相同。不同的是由于受起跑线至第一栏前固定距离的制约，安装起跑器的方法是跑8步时，将起跨腿的脚放在前，跑7步时将摆动腿的脚放在前。另一个不同之处是起跑时身体不要压得过低，身体重心较高，抬腿幅度大，蹬摆有力，在保证均匀增加步长的条件下，加快步频。在跑出后5～6步时已接近短跑途中跑时的上体姿势，以便准备起跨过栏。栏前最后两步应跑得更加积极，起跨前最后一步比倒数第二步缩短10～20厘米，以便保持速度，快速而准确地用前脚掌“扒地”踏上起跨点向栏架进攻，跨过第一栏。

起跑至第一栏前加速跑的距离只有11米多，还不可能达到很高跑速，通常是在跨过第三栏后才能发挥最高跑速。只有顺利跨过第一栏才能为全程跑奠定速度和节奏基础。

2. 过栏技术

图七 1　110 米栏过栏技术

过栏是跨栏跑技术的重要组成部分。过栏是在快速跑中完成独特形式的“跨栏步”，它包括起跨、腾空过栏和下栏着地等动作阶段（图七1）。

合理的“跨栏步”技术应节时省力，速度快，并能为正确的栏间跑创造有利条件。

（1）起跨

起跨是指起跨脚踏上起跨点到后蹬结束的支撑时期。正确的起跨动作首先要突出平稳的特点。起跨是由跑转为跨的动作，由于运动方向的改变，保持原有的速度成为起跨中的核心。起跨前最后一步步长要比前一步的步长缩短10～20厘米。从而使起跨脚迅速踏上起跨点，用前脚掌扒地支撑，随着身体重心向前运动，起跨腿的膝关节微屈进行缓冲，腰部保持正直、髋部前移。此时，摆动腿积极折叠，当身体重心移过支撑点上方垂直面后，起跨腿提起，上体加速前移，在摆动腿折叠前摆、膝关节领先摆到超过腰部的高度时完成起跨腿的后蹬动作。起跨时蹬摆动作积极、快速、有力，有利于提高起跨蹬地的效果（图七2）和过栏后的腿部鞭打动作。

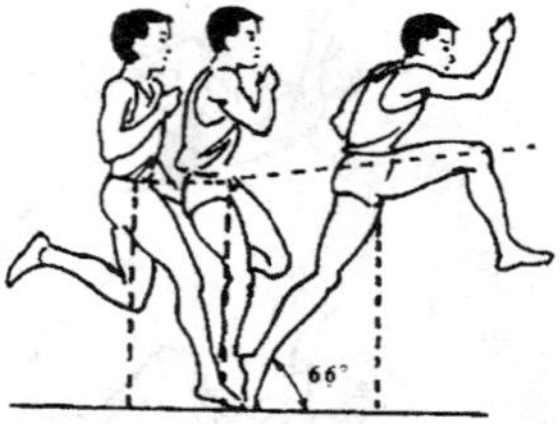

图七2　跨栏的起跨动作

在两腿蹬摆配合完成起跨动作过程中，上体随之加大前倾。两臂有力的前后摆动，保持身体平衡。特别应注意摆动腿异侧臂积极向前上方摆出，带动肩部前送，肘关节达到肩部高度，另一臂屈肘摆至体侧。在蹬地结束瞬间，起跨腿髋、膝、踝三关节充分伸展，头、躯干与蹬直的起跨腿成一直线，使整个身体集中向前，平衡舒展，形成迅猛的“攻栏姿势”

（见图七 1⑥）。

正确的起跨动作，应使身体重心沿着距地面较高的“平直轨迹”迅速向前移动。起跨前缩短步长，使起跨腿放脚快，着地点接近身体重心投影点，可减小制动；膝关节微屈缓冲，可使身体重心上下起伏降低到最小程度而沿着接近水平方向向前移动，避免上跳过栏；而适时快速蹬伸起跨腿可以加大工作距离，减小后蹬角度，获得更大的向前水平分力。适宜的起跨蹬地角约为 66°～72°（见图七 2）。

（2）腾空过栏

起跨蹬地结束后，身体重心沿腾起角所形成的运动轨迹向前位移。人体腾空后不能改变身体总重心的位移速度和运动轨迹，但在起跨前通过加快两腿的动作速度，协调平稳的换步和上体与两臂的协调配合，改变腾空过栏时两腿环节重心与身体重心的相对位置，可以取得快速过栏的效果，并在脚着地后形成继续快跑的身体姿势（图七 3），这是提高跨栏跑速度的重要因素。起跨腿蹬离地面后，摆动腿屈膝攻摆超过栏板高度，小腿迅速前摆并积极下压鞭打，与此同时，起跨腿迅速折叠，形成“跨栏坐”并以较小半径提拉上体积极前倾移动，两臂有力地协调配合，迅速过栏。即积极“鞭打”下压，快速移髋提拉。

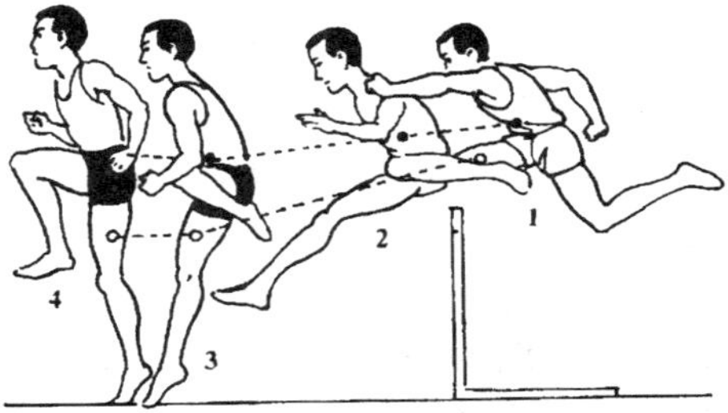

图七 3　下栏时身体重心与摆动腿环节重心相对位置变化

（3）下栏着地

下栏是从身体重心达到腾空最高点、摆动腿的脚掌接近栏板开始的。下栏时，摆动腿大腿积极向栏后下压，起跨腿屈膝外展，膝关节高于踝，脚尖向外勾起，由髋部肌群发力，以大腿带动小腿，大小腿充分折叠小于90°，以膝部领先快速向前提拉（见图七1⑦）。当脚过栏后，膝关节继续收紧，将大腿前拉至身体正前方，成高抬腿跑的姿势（见图七1⑩），完成快速有力的两腿剪绞动作。

过栏时两腿剪绞换步动作是在两臂和躯干协调配合下完成的。摆动腿异侧臂向后下方划摆（以较小半径、接近跑的摆臂）与向前提拉的起跨腿成相向运动，另一手臂协调配合（屈肘后摆时接近跑时的摆臂）。

随着摆动大腿积极下压，前脚掌着地。着地点在身体重心投影点前10～20厘米，距栏架1.40～1.50米。脚着地瞬间，踝关节稍有弯曲缓冲，但脚跟不触地面。膝关节保持伸直，可使身体重心保持较高部位而迅速转入后蹬。下栏后的支撑时间较短有利于保持水平速度，迅速过渡到栏间跑（见图七1⑩～⑪）。

（4）栏间跑

栏间跑的技术关键是跑的节奏。在栏间距9.14米中除去“跨栏步”的步距外，大约还有5.50～5.70米，可用三步跑过。通常三步的步长分别约为1.50～1.60米、2～2.15米、1.80～1.95米，构成栏间三步跑的步幅具有小、大、中所特有的节奏。

栏间第一步因过栏着地时速度有所下降，应充分蹬地送髋，并借助起跨腿的高抬快摆带动髋部前移，两臂前后摆动，积极配合，以提高蹬地效果和加快动作速度。

第二步的动作大致与短跑途中跑相同。需要强调的是高抬大腿，保持身体的重心高度，用前脚掌积极而富有弹性地着地，两臂积极有力的摆动配合。

因准备起跨，第三步形成一个快速“短步”，其动作特点与第一栏前的最后一步相同。第三步应是栏间跑速度最快的一步。总之，栏间跑的技术特点应该是高重心，快频率，节奏明显，动作轻快，重心平稳，直线性好，实效性强。

（5）全程跑

110 米跨栏跑全程要跨越 10 个栏架。其特点是跑与跨栏动作周期性的相互转换。因此，要求起跑后尽快发挥速度，以准确的步点过好第一个栏及后继的栏。一般在跨过第 3 个栏后达到最高速度，进入途中第 6～8 个栏时应保持高速度，跑的轻快，放松协调。跑最后两个栏时由于体力下降，速度也会有所下降，但仍要以顽强的意志品质，过好最后一个栏，冲刺通过终点。

（二）女子 100 米跨栏跑技术

女子 100 米跨栏和男子 110 米栏同属直道跨栏跑的项目，在技术动作的结构上基本相同。女子 100 米栏的栏架高度为 84 厘米，越过栏架时身体不需要像跨 110 米跨栏那样有较大的上升，全程跑时身体重心起伏较小，动作自然舒展，更接近 100 米平跑。

1. 起跑至第一栏

起跑线至第一栏的距离为 13 米，通常跑 8 步。采用蹲踞式起跑，其方法同 110 米跨栏跑。起跑后加速跑的跑速较快，蹬摆动作积极有力，身体前倾角度较大，到 9～10 米处上体已抬起并接近途中跑姿势，准备起跨攻栏。

图七4 女子100米栏的过栏技术

2. 过栏

由于栏架不高，所以跑和过栏动作都接近于短跑。起跨攻栏的动作特点是简练而快速，摆动腿屈膝前摆抬腿不高，上体前倾不大，起跨腿在蹬地结束时的后蹬角比跨 110 米栏时小，约为 62°～65°（图七 6③）。

在摆动腿前摆，脚掌移过栏板的瞬间，大腿积极下压，以直腿迅速着地。此时，摆动腿异侧臂前伸，上体保持适度前倾，起跨腿经体侧向前提拉过栏的动作幅度与膝关节外展的程度均小于 110 米栏。特别是起跨腿一侧髋关节始终高于膝关节，提拉起跨腿只需沿小弧线比较平直的向前。过栏时两腿剪绞动作和上体与臂部动作的配合既积极快速，又轻松自然，使之更接近于短跑。过栏后的下栏着地点距栏架约 1～1.20 米。

3. 栏间跑

女子 100 米栏的栏间距为 8.50 米，栏间采用三步跑。三步的步长分别大约是：1.50 米、2 米、1.85 米。

栏间跑的要求是：上体适当前倾，加快两臂的摆动以带动腿部蹬摆动作的速度，节奏轻快，协调配合，保持高重心，快频率有较高的速度水平。

4. 终点跑

最后一栏至终点的距离为 10.50 米，跨过最后一个栏架后，运动员应力争以最快速度跑过终点。其要求是："下栏以后速不减，好似猛虎扑下山，加大摆臂和后蹬，顽强拼搏到终点"。

二、400 米栏跑技术

400 米栏的运动成绩取决于 400 米跑的能力、栏间跑节奏和跨栏步技术等因素。400米栏的栏架高度较低，过栏动作比110米栏和100米栏自然平顺，但栏间距离长达35米，步长、步数和节奏显得更重要，在具有良好的速度和速度耐力的基础上，掌握好合理的节奏，正确分配体力是非常重要的。

（一）起跑至第一栏的加速跑

安装起跑器时要考虑从起跑至第一栏前所跑的步数，如为偶数步时把起跨腿放在前面，奇数步时则将摆动腿放在前面。起跑至第一栏的步数要随运动员的身高、性别和训练水平而定。男子一般可跑20～23步，女子跑23～25步，第一栏的起跨距离，男子通常为210～215厘米；女子为190～200厘米。

起跑至第一栏的距离为45米，运动员在弯道高速过栏时，要保持稳定而准确的步幅，两臂要有节奏地摆动。起跑后加速跑的速度应和全程跑的程度相适应，为了合理分配体力，应平稳地加速，保持良好的节奏。

（二）过栏

男女400米栏的高度分别分91.4厘米和76.2厘米。整个过栏动作包括起跨蹬地、上体前倾、两臂的摆动及起跨腿的提拉过栏等。由于全程距离长，强调过栏时动作的经济省力尤为重要。跨栏步的大小及栏间跑的步数应根据运动员的身高和训练水平而定。

400米栏有5个栏架设在弯道上，弯道过栏的技术特点是克服人体运动时所受离心力的影响，借助适当改变动作所产生的向心力迅速过栏。如用右腿起跨，应以右脚前脚掌内侧蹬地，左腿攻栏时膝与脚稍偏左并稍外展，右臂向左前方摆出，左臂屈肘向右后方摆动，右肩稍高于左肩，整个身体向左侧倾斜。下栏时，左腿用前脚掌外侧着地，着地点落在自己分道的左侧，右腿的提拉动作也向左前方用力，使身体沿跑道内沿跑进。

在男女400米栏项目中，用右腿起跨有利，但因栏间步数会发生变化，还必须掌握左腿起跨过栏技术。用左腿起跨的运动员跑至栏前时，应在跑道的中部放脚起跨，以避免起跨腿过栏时越出栏架而犯规。

3. 栏间跑

栏间跑的技术与400米跑基本相同，不同之处是栏间跑要按一定的步数控制步长，中等水平的男运动员跑15～17步，女子跑17～19步。世界优秀运动员可跑12～13步，女子可跑14～15步，这是当前400米栏的发展趋势。多数运动员在跨全程栏时采用改变步数的混合节奏。由于后半程出现疲劳，步长缩短，速度下降，故此时应主动变换节奏，缩短步长，增加步数，尽力保持步频，顺利地跨好每一个栏。

过栏后身体应及时恢复平跑姿势，转入轻快的大步跑，在下一栏前3～4步处应稍缩短步长，加快频率，以便迅速而准确的踏上起跨点并保持高重心起跨越过栏架（图七5）。

4. 终点冲刺和全程速度分配

从最后一个栏架至终点的距离为40米，这一段往往是决定胜负的重要时刻，应保持跑的正确技术，加强摆臂，发挥跑的能力，力争不减速地冲向终点。

从全程看，充分发挥速度，保持栏间合理节奏，比较均匀地分配全程跑体力，是创造优异成绩的关键。速度分配以后半程的时间慢于前半程不超过1～1.5秒为宜。

图七 5　男子 400 米栏过栏技术

第二节　跨栏跑的教学

短跑是跨栏跑的基础。跨栏跑的教学，应安排在学生基本掌握短跑技术之后进行。

一、教学步骤和方法

（一）使学生了解跨栏跑知识和正确技术

1. 教学方法

（1）简要讲述跨栏跑的特点、发展概况和比赛规则等。

（2）观看比赛录像、技术图片，讲解跨栏跑的基本技术。
（3）教师做动作示范，从蹲踞式起跑跨过 4～5 个栏。
2. 教法提示
（1）讲解要生动，材料要正确、先进。
（2）示范动作要正确。
（3）示范时栏架不要太高（中低栏），栏距也不宜过长。

（二）学习掌握过栏技术

1. 教学方法
（1）学习摆动腿过栏动作
①原地做摆腿模仿练习：面对栏架直立，摆动腿屈膝高抬达到栏架高度时，髋部发力，大腿积极下压做“鞭打”动作，脚掌在身体重心投影点前落地（图七 6）。也可将栏板换成橡皮筋，用脚尖去踏，直腿着地（图七 7）。

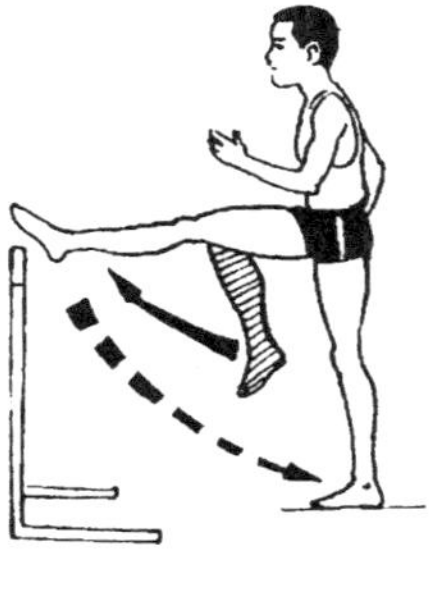
图七 6

图七 7

②原地做摆动腿攻上跳马或肋木练习（图七 8）。
③动作同①，走 3 或 5 步做一次“鞭打式”动作。强调膝高于踝，不出现踢小腿动作，熟练后配合两臂前后摆动，练

图七 8

习速度可适当加快，注意动作放松、协调（图七 9）。

图七 9

④走步中做摆动腿栏侧过栏：站在起跨腿一侧，从栏后 1 米处起跨，摆动腿屈膝高抬带动小腿前摆，经栏板上向栏前积极直腿下压着地。起跨腿可配合做小幅度的提拉动作。

⑤用小步跑或中速跑连续跨 3～4 个栏侧（图七 10）。

（2）学习起跨腿过栏动作

①原地提拉起跨腿过栏：双手扶肋木（或支撑在墙壁上），在起跨腿一旁距肋木 1～1.2 米远横放或纵放栏架，上体稍前倾，眼平视，起跨腿屈膝经腋下向前提拉，膝盖领先，拉至身体正前方，身体保持正直。由单个动作到连续重复做，动作由慢到快，注意积极送髋，后腿积极蹬地（图七 11）。

图七 10

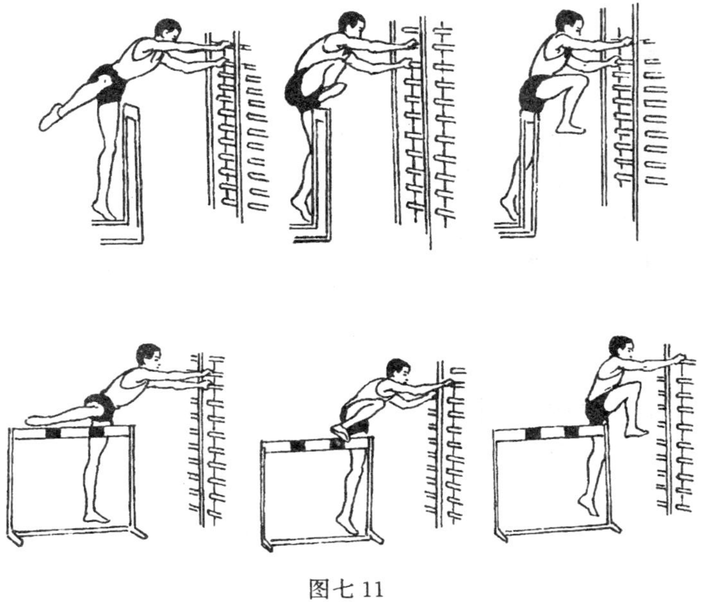

图七 11

②原地做提拉起跨腿练习，同时注意臂部动作的配合

图七 12

(图七 12)。

③原地、走步中栏侧做起跨腿提拉练习（图七 13)。

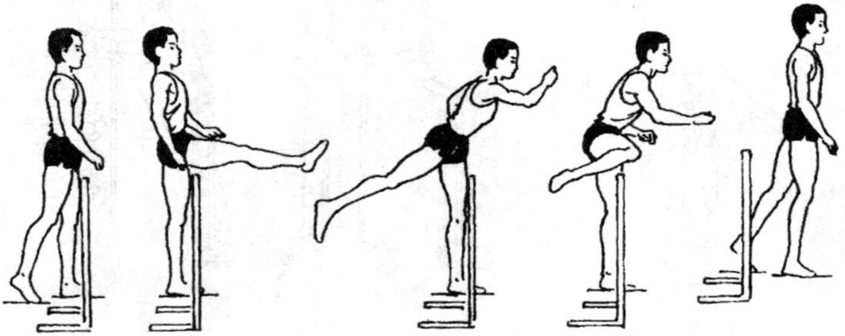

图七 13

④小步跑栏侧过栏（3～4 个栏)。

⑤中速跑栏侧过栏，栏距为 7～8 米，栏间用 3 步（图七 14)。

(3) 学习过栏时两腿的“剪绞”动作和上下肢配合的技术

①原地模仿跨栏步练习：原地站立，上体正直，摆动腿屈膝向前上方摆出，同时起跨腿蹬地，接着大腿下压，小腿

图七 14

前摆，用前脚掌落地。在摆动腿下落的同时，起跨腿蹬离地面，屈膝外展经体侧向前提拉超过摆动腿后落地。

②原地栏侧做起跨腿过栏练习：站在栏侧后方 1～1.2 米处，起跨腿靠近栏架，上体适当前倾，摆动腿在栏外做攻摆动作，同时起跨腿蹬离地面提拉过栏。

③原地站立，提高身体重心面对栏架，将摆动腿大腿放在栏架横板上，小腿自然下垂轻微摆动 2～3 次后，起跨腿用力蹬地，当伸直的摆动腿下压时，起跨腿迅速提拉，两腿剪绞换步过栏（图七 15）。

图七 15

④前后分腿成骑撑于正反两个栏架上，摆动腿积极下压，起跨腿向前提拉，上体保持前倾，两手在推离栏板后迅速前后摆动，下栏后形成高重心向前跑进姿势（图七 16）。

图七 16

⑤高抬腿跑中从栏侧或经栏上过栏：跑时高重心，距栏 1 米处起跨。过栏动作同前。注意蹬摆动作配合，栏上两腿剪绞动作协调（图七 17）。

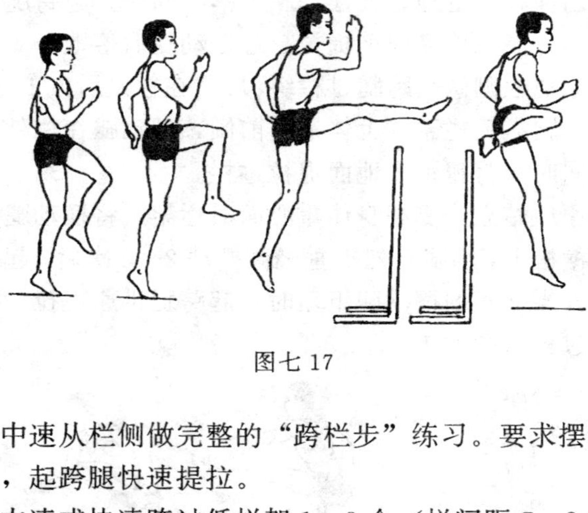

图七 17

⑥中速从栏侧做完整的“跨栏步”练习。要求摆动腿积极下压，起跨腿快速提拉。

⑦中速或快速跨过低栏架 1～3 个（栏间距 7～8 米）。

2. 教法提示

（1）充分做好准备活动。特别是腰、髋、腿等部位的肌肉。

（2）练习顺序应从徒手模仿练习开始，然后是栏侧过栏，最后是栏中过栏练习。

（3）进行安全教育。

（三）学习过栏与栏间跑

1. 教学方法

（1）学习站立式起跑至第一栏前的技术

用海绵块或其他标志物标明 8 步的步长，按 8 步步长跑，并逐渐加快步频，建立起跑后加速跑的空间定位感，然后跨越栏架。

（2）站立式起跑反复跨 1～3 个栏、3～5 个栏，男学生的栏高 76.2 厘米，栏距 10.5～11 米跑 5 步或 8～8.5 米跑 3 步。女学生栏高 70 厘米，栏距 9～10 米跑 5 步或 6.50～7 米跑 3 步。随着过栏技术与栏间跑节奏的改进，可逐渐提升栏高和增加栏距。

（3）按起跑信号站立式起跑，多次跨 3～5 个栏。栏距酌情而定。

（4）根据需要重复做各种跨栏专门练习，纠正错误动作，发展必需的身体素质。

（5）缩短栏间距离，采用站立式起跑连续跨越 5～8 个栏。着重提高跑跨结合技术，发展速度和专项耐力。

2. 教法提示

（1）由于学生的接受能力不一样，注意在教学中区别对待。

（2）加强意志品质培养，消除跨栏时的恐惧心理。

（3）跨越标准栏架前，可采用简易栏架练习（如取下栏板放上树棍或木杆等）。

（四）学习采用蹲踞式起跑的过栏技术

1．教学方法

（1）安装起跑器，按口令试跑8步后起跨越过放倒的栏架或从第一栏侧跑过。检查起跨点与步点。

（2）掌握正确的“各就位”、“预备”动作。跑出时蹬摆积极有力，控制好上体前倾角度，使在跨越第一栏架时有正确的身体姿势。

（3）蹲踞式起跑跨1～3个栏、1～5个栏或1～8个栏。并采用（三）中的有关练习。

2．教法提示

（1）应强调“起跑步点准，上栏狠，过栏快，下栏稳”的要求。

（2）教师要反复提示。

（3）注意安全教育。

（4）典型动作示范，及时分析指出正确与错误。

（五）学习弯道跨栏跑的技术

1．教学方法

（1）站立式起跑后在弯道上跨越3～4个栏。采用7步、5步的栏间节奏，根据学生情况确定栏距。使学生反复体会弯道“跨栏步”的技术特点与要求。

（2）在弯道上采用蹲踞式起跑过1～2个栏。起跑线到第一栏为45米，按照起跑后加速跑的技术要求，反复练习后确定步数、步长和适合个人的速度与节奏。

（3）弯道起跑后跨3个栏，栏间距离35米，男生跑17步，女生跑19步，如跑偶数步应学会两腿轮流起跨。

(4) 练习200米半程栏，使用低栏、栏间距为35米，改进栏间跑节奏，发展专项速度。

2. 教法提示

(1) 要反复强调：如左腿为摆动腿，在弯道上栏时，摆动腿的脚尖外展、上体内倾、左臂前摆大一些，右臂后摆大一些。如右腿为摆动腿，上栏时不要过于靠左。

(2) 下栏后起跨腿向前方内侧提拉。

(3) 整个动作类似短跑的弯道跑技术。

（六）改进全程跨栏跑技术

1. 教学方法

(1)起跑跨过缩短栏间距离的5～6个栏，提高跑的速度，改进技术和节奏。

(2) 听枪声或口令成组跑过5～10个栏，下最后一栏时，奋力跑向终点，做冲刺撞线动作。

(3) 全程（以110米栏、100米栏为主）跨栏跑。测验计时，分析动作，评定技术。

2. 教法提示

(1) 全程跨栏跑的教学重点是栏间跑的节奏。

(2) 缩短栏间距离，多次重复进行全程跨栏练习。

二、常见错误动作和纠正方法

（一）摆动腿“直腿摆动”过栏

1. 产生原因

(1) 动作概念不清。

(2) 摆动腿前摆时大小腿折叠不够，小腿过早前摆。

2. 纠正方法

（1）讲清摆动腿屈膝摆动的技术概念和要求。

（2）多次反复地做摆动腿的“鞭打”的动作。

（3）反复做摆动腿栏侧过栏和高抬腿跑过栏练习。

（4）反复做车轮跑，发展下肢的灵活性。

（二）“跳栏”

1．产生原因

（1）起跨点过近。

（2）怕栏。

2．纠正方法

（1）采用划线或放置标志物标明合适的起跨点。

（2）降低栏架高度或采用树枝等物代替栏板以消除恐惧心理。

（三）下栏后第一步过小，影响栏间跑的节奏

1．产生原因

（1）过栏时，起跨腿提拉过早，造成两腿几乎同时着地。

（2）摆动腿下栏后，支撑后蹬力量差。

（3）下栏时，起跨腿提拉不到位。

2．纠正方法

（1）在第一步落地处划出标志线，要求过栏后起跨腿大腿提拉到身体正前方，脚着地时落在标志线上。

（2）采用原地负重或不负重的支撑提拉起跨腿练习，改进过栏提拉动作。

（3）栏侧“双栏”起跨腿过栏练习（两栏相距 15～20 厘米）。

（4）发展踝关节和脚掌肌肉力量。

（四）栏间跑变成了“跨步跳”，节奏紊乱

1. 产生原因

（1）下栏后第一步太短，被迫拉大后两步。

（2）栏间距离过长，三步上栏有困难。

（3）踝关节和脚掌力量差，速度慢。

2. 纠正方法

（1）改进技术，加强下栏后第一步练习。

（2）适当缩短栏间距离。

（3）发展踝关节和脚掌力量，提高速度。

（五）起跑后至第一栏前跑小步或拉大步，影响速度

1. 产生原因

（1）起跑后身体过早抬起，步长过大，造成后几步步长小。相反，前几步过小，后几步拉大步，影响速度。

（2）怕栏。

2. 纠正方法

（1）改进起跑后过第一栏的技术。

（2）降低栏架高度或以树枝代替栏板，以解除怕栏的思想顾虑。

三、教学注意事项

（一）初学跨栏时，可用低栏或矮凳练习，以利于掌握正确的跨栏技术和栏间跑节奏。

（二）应学会左右腿都能起跨过栏。

（三）初学跨栏时，要多做跨栏的专门性练习及各种过栏的分解动作练习。

（四）发展必需的身体素质和专项素质。

（五）在改进过栏技术的同时，要重视栏间跑的技术。

（六）学生在过栏时，教师应站在不同的方位进行观察，以便发现问题，及时纠正。

（七）重视心理素质的训练。

第三节　跨栏跑的训练

跨栏跑是一项集速度、力量、技术等为一体的运动项目，训练内容广泛，但在训练中要突出重点，即“速度是核心、技术是表现、力量是基础、节奏是关键”。特别是速度更为重要。因此，要求在训练的全过程必须贯穿“速度优先”的原则。当然，速度的提高必须建立在全面身体训练的基础上。

一、身体训练

身体训练是跨栏运动员训练的重要内容之一，也是提高运动技术与成绩的基础。现代跨栏跑，非常重视身体训练。身体训练包括一般身体训练和专项身体训练。一般身体训练的内容有越野跑、慢跑、徒手操、体操、武术基本功及一般球类活动和游戏等。儿童少年和初学者安排一般身体训练的内容较多，在全年训练的准备期，一般身体训练也占有较大的比重，在此不详细叙述。这里侧重阐述跨栏的专项身体训练。专项身体训练内容包括发展力量、速度、专项耐力、柔韧性和协调性等。

（一）力量训练

力量训练包括一般力量和专项力量的训练。发展力量素质时又分为发展肌肉的快速力量和力量耐力等。

跨栏运动员，除了需强有力的腿部力量外，对上肢、腰腹、踝关节和脚掌肌肉力量都有很高的要求，特别是肌肉的快速力量尤为重要。

1. 力量训练的方法

（1）发展肌肉快速力量的练习

①各种跳跃练习。有立定跳远、立定三级跳远、多级跳、跨步跳、单足跳、双脚交换跳、上坡跳、台阶跳、纵跳、蛙跳、跳深、连续跳栏架（5～10个栏）、各种助跑距离的跳远、三级跳远、五级跳远等。

②各种负重的练习。如负杠铃下蹲起、交换腿跳、弓箭步跳、抓举、挺举、推举、提铃至胸和负沙袋、沙背心、沙绑腿进行练习等。

③结合跑和跨栏的动作结构，发展腿部有关肌群的力量，特别是小腿肌群力量。如采用拉橡皮条做快速高抬腿跑、后蹬跑、上坡跑、跑台阶、小腿负重连续走步过栏做提拉起跨腿和摆动腿屈腿攻栏等专门练习。

④栏间高抬腿练习（5～8个低栏，栏距5～6米）。

⑤起跨腿栏间一步快速栏侧过栏（栏距1.5～1.8米）。

（2）发展力量耐力练习

①徒手和负轻重量的长距离高抬腿走或跑（50～100～200米）、单足跳（30～50米）、跨步跳（100～400米）等。

②用本人最大负荷的40%～80%负重练习，如负杠铃半蹲等，每组15～20次，每次课10～12组。

2. 训练安排和要求

(1) 全年安排力量训练，在准备期中比重应大一些。

(2) 每周应安排 1～2 次。

(3) 在全面发展身体各部位肌肉力量的基础上发展专项力量。

(4) 完成每组力量练习后，必须做肌肉的放松活动。

(二) 速度训练

短跑的速度和在跑进中完成过栏动作的速度是决定跨栏跑成绩的基本因素。训练的主要内容是加强相应肌肉群的快速力量，改善这些肌肉群的柔韧性和弹性，提高神经系统的灵活性，熟练掌握动作技能，提高动作速率等方面的综合能力。

1. 平跑速度与速率训练的方法和手段

(1) 思想高度集中，听各种信号做动作。

(2) 原地 10 秒高抬腿跑和快速摆臂（计次数）。

(3) 蹲踞式起跑或行进间跑 30 米、60 米、100 米。

(4) 站立式起动跑标志格 30 米。

(5) 顺风跑和下坡跑。

(6) 追逐跑、接力跑。

(7) 跑的专门性练习：小步跑、高抬腿跑、后蹬跑和小车轮跑。

2. 专项速度训练的手段方法

(1) 跨栏跑的专门性练习，发展单个动作速度，例如：提拉起跨腿、摆动腿快速攻栏、栏侧跑过栏和跨越单个栏架等。

(2) 栏侧及栏中高抬腿过栏。

(3) 栏间快速小三步、小五步或一步过栏。

（4）行进间跨栏跑（计时）。

（5）蹲踞式起跑过1～5栏（计时）。

3. 训练安排和要求

（1）全年训练中，始终坚持速度训练，坚持“优先发展速度”的原则。准备期要早安排，训练负荷量可大一些，竞赛期减小负荷量，提高强度。

（2）每周1～2次速度或专项速度训练。

（3）速度训练应安排在运动员的体力好时进行。

（4）必须结合跨栏技术的特点。

（三）速度耐力的训练

1. 速度耐力训练的方法和手段

（1）110米栏和100米栏运动员训练的方法和手段。

①60米、80米、100米、120米的快速重复跑，短、中、长段落组合的变速跑及间歇跑等。

②150米、200米、300米重复跑。

③半程、全程、超全程（11～12个栏）跨栏重复跑。

（2）400米栏运动员训练的方法和手段。

①200～300米重复跑。

②以200～300米为主的快跑段落的变速跑。

③400米以上（包括500～600米）的重复跑。

④半程或接近全程跨栏的重复跑。

⑤前半程平跑后半程跨栏跑。

⑥前半程跨栏后半程平跑。

⑦跨5栏、8栏、9栏计时或300米栏、300米、400米检查跑等。

2. 训练安排和要求

（1）准备期多安排一些平跑速度耐力练习，从春季开始逐渐增加跨栏跑的速度耐力练习。

（2）每周安排 1～2 次为宜。

（3）在训练强度上要注意调节，在一般情况下，跑的段落较短，强度较大（控制在最高速度的 85％～90％）。练习密度中等，重复组、次数较多，可有效地发展速度耐力。

（四）柔韧性训练

1. 柔韧性训练方法手段

（1）体操、武术的各种练习。

（2）跨栏的专门练习（图七 18、19）。

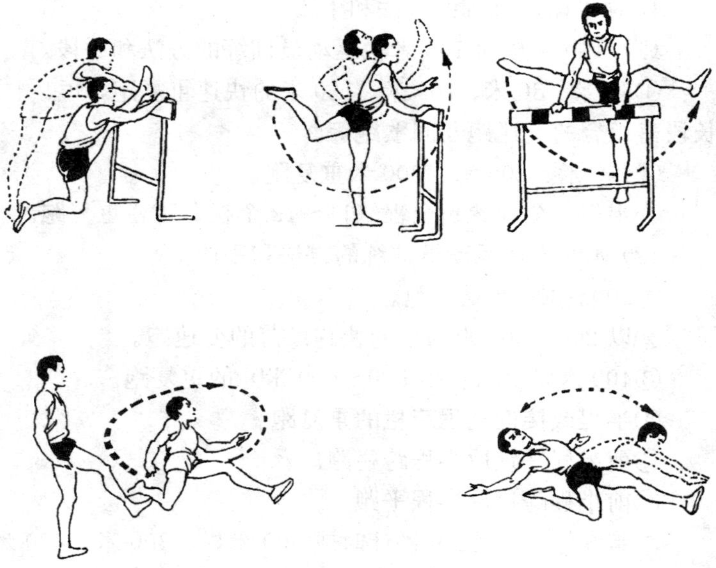

图七 18　跨栏的专门练习

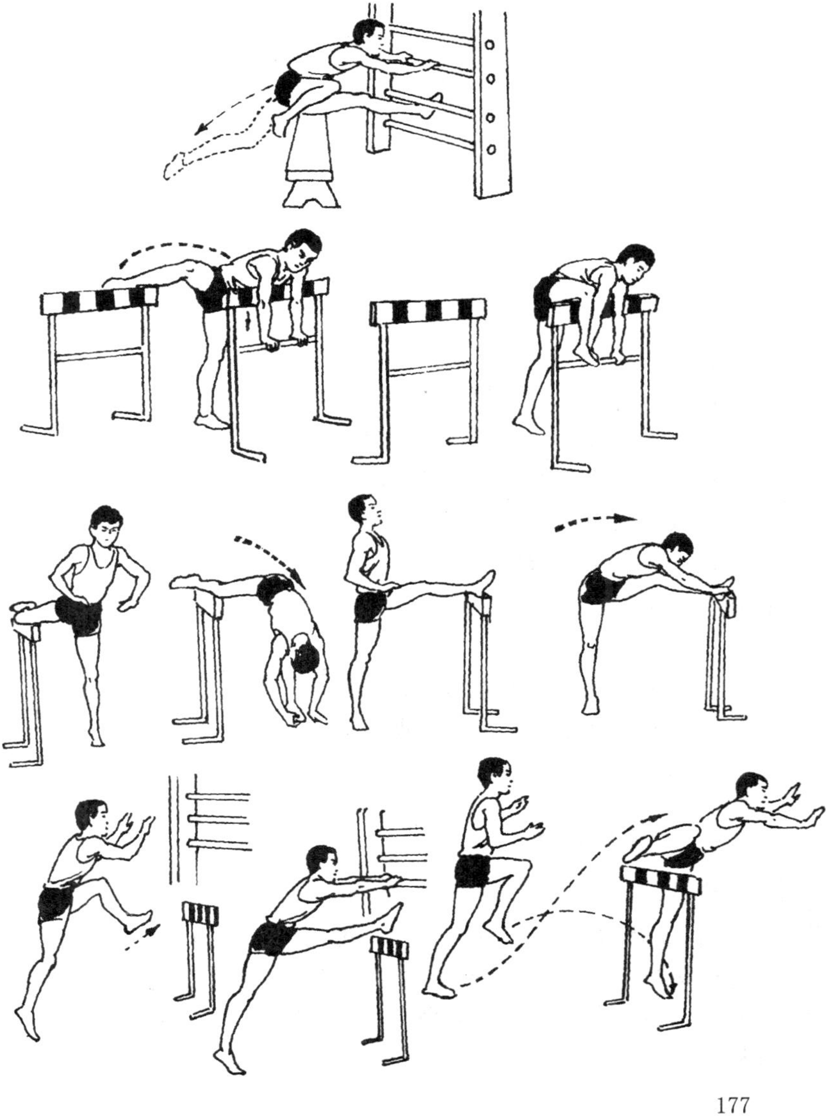

图七 19　跨栏的专门练习

（3）各种大幅度的摆、踢、压、绕环及转髋等练习。

（4）采用技巧、垫上运动、球类游戏等练习。

（5）蹲踞式起跑（摆动腿在后面）“预备”姿势，听信号蹬出（双脚同时蹬）落在垫子上成跨栏坐。

（6）跨栏坐后转跨栏坐，再复原，立起蹬出跨栏坐（用长垫子连续做）。

2. 训练安排和要求

（1）全年安排、天天有、课课做。

（2）安排到早操时间做、课前做。

（3）充分做好准备活动。

二、技术训练

跨栏跑的技术训练，分为基本技术和完整技术。基本技术包括：起跑到第一栏前加速段、过栏、栏间跑和跨栏与栏间跑衔接技术，以及每个跨栏周期的节奏训练。完整技术，是培养运动员在全程跑中所表现出的综合能力，它将起跑加速、过栏、栏间跑和终点冲刺紧密地结合在一起，形成一个完整的全程跑。

（一）技术训练内容、方法和手段

1. 各种跨栏的专门练习（可参考技术教学部分）。

2. 重复跨栏跑。

3. 改变条件的跨栏跑。

(1) 站立式起跑过 3～5 个栏，可适当缩短起跑线至第一栏的距离，仍跑 8 步，也可加长栏间距离，栏间跑 5 步或 7 步。

(2) 蹲踞式起跑过 4～6 个栏，栏间采用 3 步和 5 步节奏变换的方法进行。

(3) 栏间跑一步连续跨 4～5 个栏（先栏侧后栏中），男生栏距 3.5～4 米，女生 3～3.5 米。

(4) 蹲踞式起跑后，跨缩短栏间距离的 3～5 个栏。3 步节奏。

(5) 起跑过前 3～4 个栏，发挥出最高速度后转入平跑，冲刺过最后 2～3 栏到终点。

4. 用标准栏高、栏距练习跨栏跑：

(1) 站立式起跑跨 1～3 个栏、5、8、10 个栏计取成绩。

(2) 用蹲踞式起跑过 5 个栏、全程栏。

(3) 用比赛或游戏的方法（让距或接力方法）跨 3、5、8 个栏或全程栏。

（二）训练安排和要求

1. 在多年与全年训练中要有计划系统地安排。

2. 每次训练课都要有所安排。

3. 技术训练应严格要求，动作要规范。

4. 技术训练要全年贯彻，准备期应以改进技术为主，将基本技术与完整技术紧密结合。竞赛期以完善全程跑技术为主。

5．学习跨栏跑技术要与发展身体素质密切结合，在全年训练中，可交替侧重。

三、心理及意志品质训练

跨栏运动员的心理及意志品质是影响成绩的重要因素。在训练中，必须给予重视和安排。

（一）心理训练的内容

1．对训练和比赛的自觉性、顽强性、坚定性与自控性进行有意识的培养才能形成良好的意志品质。

（1）加强思想教育工作，不断地培养对本专业的高度事业心和对国家、集体的荣誉感。

（2）根据各年龄阶段的心理特征和特点，有计划有目的在训练课里进行心理训练。

（3）在艰苦与复杂条件下训练。

①在风、雨、炎热、寒冷条件下训练。

②跨“坡栏”（从第一个栏开始一个比一个栏高）。

③跨“竖栏”（把栏架竖放），以培养勇敢、顽强拼搏精神（图七20）。

图七20　跨竖栏

（4）模拟训练。

（5）多参加比赛。

（6）多参观比赛。

（7）意念训练。

（二）心理训练的安排

1．依据个人特征和心理状态，有针对性地进行训练。

2．要与身体训练、技术训练同样进行安排，持之以恒，方见成效。

3．根据训练内容、时间长短与时机等，安排在课前、课中或课的结束部分进行，应特别注意赛前心理训练。

四、训练注意事项

（一）儿童少年跨栏训练应结合儿童少年成长的规律，从小打好全面身体素质和基本技术的基础。

（二）儿童少年跨栏训练的方法应灵活多样，根据儿童时期是发展速度、灵敏和协调能力的最佳时期的特点，着重发展速度（以快频率为主）和弹跳力。

（三）儿童少年在进入跨栏专项训练后，应着重抓好速度和栏间节奏跑的专项能力训练。

（四）儿童少年跨栏训练课应有严密组织，课前做好准备活动，课后做好整理活动，加强安全教育和管理，预防伤害事故。

第八章　跳　高

跳高是一项通过助跑和起跳越过高度横杆的运动。参加跳高练习和比赛可以提高腿部以及腰、腹部肌肉的力量，同时可以发展他们的速度、弹跳、柔韧、灵敏和协调性等素质。从事跳高运动可以培养勇敢、果断等优良品质。熟练的跳高技术可给人以美的感受。

跳高还是一项容易开展、便于推广的项目，并受到广大青少年的喜爱。目前在我国中小学体育课中占有一定的比例。在《国家体育锻炼标准》中，也是规定的测验项目之一。

新中国成立前，我国男女跳高纪录分别是 1.87 米和 1.40 米。新中国成立后，跳高运动有了突飞猛进的发展。1957 年郑凤荣以 1.77 米的成绩创造了当时的女子世界纪录；80 年代初，朱建华曾三次打破世界纪录。这些优异的成绩使我国跳高运动技术水平达到了一个新的高度。目前我国的男子跳高纪录为 2.39 米，是由朱建华在 1984 年创造的，女子全国纪录为 1.97 米，是由金玲创造的。

第一节　跳高技术

跳高技术按过杆姿势不同可分为背越式、俯卧式、剪式、

图八 1　五种跳高姿势在杆上的动作

滚式和跨越式五种（图八 1）。

从表现运动成绩上看，背越式的效果最好。因此，目前在世界田径大赛和国内田径比赛上，运动员都使用背越式跳高姿势。跨越式跳高在大型运动会上已无人使用，但是在基层学校运动会上仍然是部分运动员采用的姿势。

一、背越式跳高

背越式跳高是由美国运动员福斯贝里在1968年墨西哥奥运会上首先采用的，他获得了该次比赛的冠军。此后背越式跳高在全世界很快被广泛采用（图八2）。

（一）助跑

快速助跑和起跳是背越式跳高技术的显著特点。背越式跳高的助跑分为直线段和弧线段，前段为直线，后段为弧线。助跑步数一般为8～12步，其中弧线段助跑4～5步。中小学生采用8步助跑即可。直线段助跑时身体重心较高，步幅均匀、轻松和富有弹性，速度逐渐加快。弧线段助跑时身体向圆心方向倾斜，跑速越快，倾斜越大，身体重心的移动应平稳。由于沿弧线助跑时，身体向圆心倾斜，使身体重心轨迹与足迹线不相吻合，这就使人体重心比跑直线时的位置低，因而不需要在起跑前做专门降低身体重心的动作，这就为快速起跳创造了条件。另外，由于跑弧线时身体向圆心方向倾斜，到起跳时身体由倾斜转为垂直，使身体重心轨迹与足迹线在起跳点重合，有利于起跳时垂直冲量通过身体重心，可以增强起跳效果。同时，起跳时身体重心由倾斜转为垂直，产生了人体向横杆方向运动的角速度，有利于腾起后做过杆动作。小学生学习背越式跳高，可采用直线跑4步，弧线跑4步的助跑。

助跑的后段，仍应保持跑的自然动作，并以自然的跑步动作迈向起跳点（图八3）。

助跑最后一步的步长比倒数第二步短10～15厘米。最后一步连线与横杆垂直面约成30°角。

图八 2　背越式跳高的技术动作

图八 3　背越式跳高的助跑

总之，背越式跳高的助跑应在顺利完成起跳动作的前提下，尽量加快速度，并表现出明显的节奏。为了使全程助跑

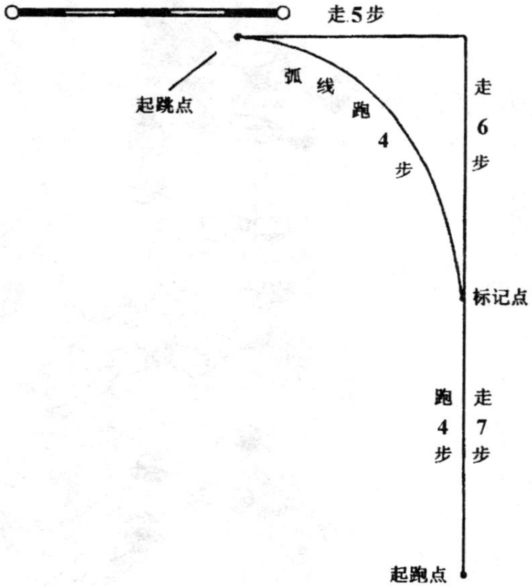

图八 4　走步丈量法

轻松、自然和快速，需要有准确的助跑步点，一般采用走步丈量法测量助跑步点（图八 4）。

确定起跳点后，从起跳点向助跑一侧平行于横杆的方向自然走 5 步，然后向助跑起点方向（与横杆投影面垂直）自然走 6 步，在此处做一个标志，为直线段和弧线段的交界点，再继续向前走 7 步为起跑点。助跑时，由起跑点到标志点（直线与弧线段交界处）跑 4 步，再由标志点到起跳点跑 4 步。在此基础上，反复多次检验和调整，最后确定助跑的步点。

（二）起跳

起跳的任务是使身体获得最大的腾起初速度和适宜的腾起角度，并为有效地过杆创造必要条件。

背越式跳高的起跳点应离横杆垂直面 60～100 厘米。

起跳脚沿弧线切线方向向前迈出，用脚跟外侧先接触地面，向前滚动并转为全脚掌着地，同时身体由倾斜转为垂直，摆动腿以髋带动大腿屈膝迅速向前上方摆动。起跳腿在脚着地后，伸肌做退让工作，摆动腿继续上摆，带动同侧髋扭转，同时蹬伸起跳腿，两臂配合腿的动作，积极向上提肩摆臂，及时做引臂动作，为身体腾起后过杆动作做好准备（图八 5）。

图八 5　背越式跳高的起跳

（三）过杆与落地

当完成起跳之后，身体沿弧线向切线方向腾起，腾起初期身体应保持起跳结束瞬间的垂直姿势。由于骨盆在起跳时已经转动，因此当人体腾空后，身体继续转动成背对横杆，摆动腿膝关节放松，起跳腿自然下垂，肩部继续向横杆方向伸展。头和肩先过杆，髋部迅速上升，充分挺开，两腿膝关节弯曲，两臂置于体侧，在杆上身体成背弓姿势。髋部越过横杆后，借助向后反弓的“反弹”作用顺势收腹举腿，头稍抬起，收下颌，使整个人体越过横杆。身体过杆后，以背部落在海绵垫上（图八 6）。

图八 6　背越式跳高的过杆与落地

二、跨越式跳高

跨越式跳高技术相对较为简单，对场地器材要求不高，是适合于基层练习的一种技术，现介绍如下（图八 7）。

（一）助跑

助跑从摆动腿一侧开始（左脚起跳者从右边开始助跑，右脚起跳者从左边开始助跑）。助跑的方向与横杆之间的夹角为25°～45°，采用直线助跑。

图八 7　跨越式跳高

助跑的步数一般为奇数步，也有的人用偶数步。用偶数步助跑时应把起跳脚放在起跑线上。用奇数步助跑时，起跑时把摆动腿放在起跑线上，由起跳腿迈出第一步，全程助跑一般为5～9步，横杆靠近摆动腿一侧（图八8）。

图八8　跨越式跳高的助跑

（二）起跳

起跳点通常在距横杆投影点60～80厘米处，助跑最后一步摆动腿支撑，积极做屈膝送髋动作，以起跳腿的大腿带动小腿沿地面向前迈伸，当起跳腿积极前迈，髋、膝关节伸直时，以脚跟先着地，摆动腿以髋关节带动大腿向前上方摆出，

图八9　跨越式跳高的起跳

图八 10　跨越式跳高的过杆动作

起跳腿迅速屈膝，着地脚也由脚跟快速滚动到前脚掌，此时摆动腿继续上摆，起跳腿髋、膝、踝三关节迅速蹬伸，以脚尖最后离地，完成起跳（图八9）。

（三）过杆

摆动腿在摆动过杆后稍向内转，起跳腿上抬，上体前倾，摆动腿继续向下转压，起跳腿积极上抬，上体略转向起跳腿一侧，使骨盆越过横杆，然后起跳腿迅速高抬，小腿上摆，越过横杆，落地时以摆动腿先着地（图八10）。

第二节　跳高的教学

在跳高教学中要把助跑与起跳相结合的技术作为主要环节，掌握正确的起跳与合理的过杆动作，同时要注意发展学生的身体素质，培养他们学习跳高的兴趣。

一、教学步骤和方法

（一）建立正确的跳高技术概念

1. 通过教师的讲解示范，使学生了解有关跳高的基本技术。

2. 通过观看优秀运动员的比赛技术录像和图片，使学生了解跳高的有关知识及技术环节，建立正确的技术概念。

（二）学习和初步掌握跳高技术

1. 学习和掌握跨越式跳高技术

①原地迈步起跳练习：两脚前后开立，摆动腿在前，起

跳腿在后，然后下肢用力向前移动身体重心，当上体与地面垂直时，起跳腿以大腿带动小腿沿地面前伸，以脚跟先着地，迅速滚动至全脚掌，在此基础上结合摆动腿和两臂上摆，做迈步练习。

②助跑起跳练习：可在中速助跑中连续做起跳练习，也可以跳过低杆。

③将横杆放置在大腿高度做原地跳起跨越练习。

④助跑 3～4 步做跨越式跳高练习。

⑤在上一练习的基础上将助跑增加到 5～7 步，做助跑和过杆练习。

⑥助跑 5～7 步，用手、头或摆动腿触及悬挂在空中的物体。

⑦各种模仿性练习、辅助练习和专门性练习。

⑧教学比赛。

2. 学习和初步掌握背越式跳高技术

学习背越式跳高，必须具备一定的条件，如跳高场地和海绵垫等。如没有海绵垫子，也可以选用其他一些柔软的代用品。

学习背越式跳高，必须重视安全因素，除应经常检查垫子的位置外，还应做好准备活动，特别是颈部和腰部，以免发生不必要的伤害事故。背越式跳高技术教学法如下：

（1）屈膝仰卧于垫上做挺髋练习。

（2）屈膝仰卧，两脚踏在低箱上做挺髋练习（图八 11）。

（3）背对海绵垫站立，两脚左右开立与肩同宽，然后提踵，挺髋，向后倒在海绵垫子上（图八 12）。

（4）背对横杆（或用皮筋代替）站立，双腿用力蹬地，向后上方跳起，双臂配合腿的动作向上摆动，挺髋过杆，过杆后双腿向上抬起（此练习可先用双脚起跳，然后以单脚起跳）。

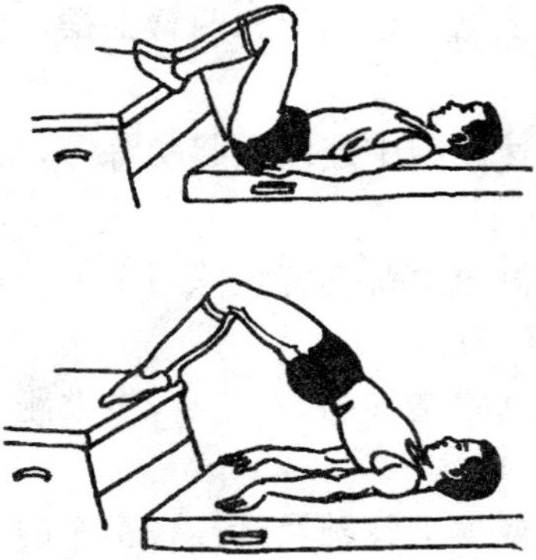

图八 11　背越式跳高的挺髋练习

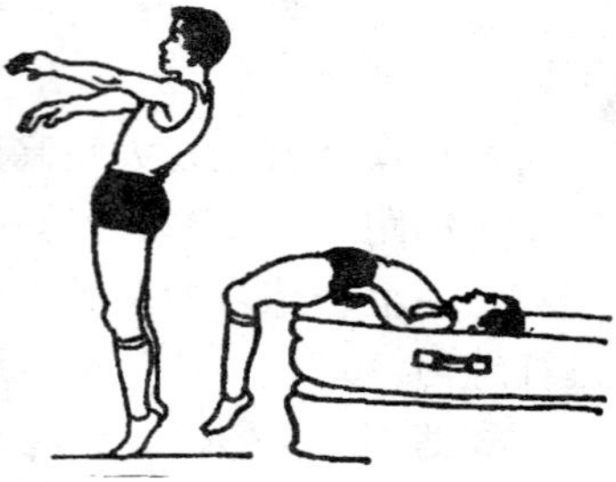

图八 12　背越式跳高的练习

（5）侧对横杆站立，起跳腿远离横杆，摆动腿向后撤一步再向前上摆，做背越式过杆练习，起跳腿的蹬伸与摆动腿相配合。

（6）起跳腿向前放脚时，身体稍向起跳腿一侧倾斜，随着屈腿向前摆动，上体由倾斜转为垂直。同时提肩、拔腰、摆臂并蹬伸起跳腿（图八 13）。

（7）同上练习，并向上跳起，同时向起跳腿一侧转体（图八 14）。

（8）在走步中练习起跳，每走 3 步或 5 步完成一次起跳。

（9）上一步起跳后做过杆动作。

（10）做圆周跑（直径 10～12 米）均匀加速，上体内倾。

（11）先跑一段直线再进行圆周跑（图八 15）。

（12）直线助跑 3～4 步→3～4 步的弧线跑→背越式过杆。

图八 13 背越式跳高的起跳练习

图八 14 背越式跳高的起跳练习

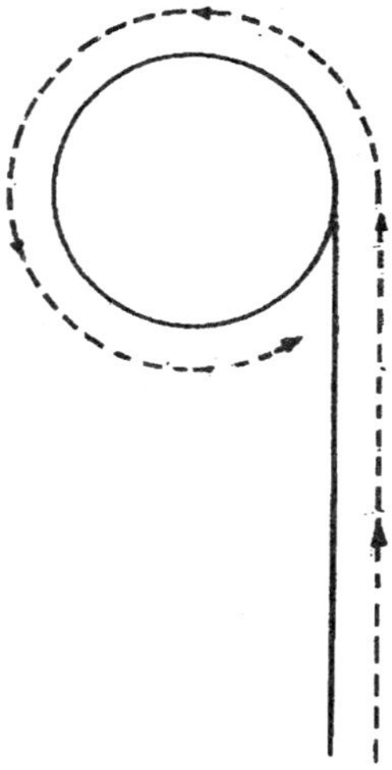
图八 15 练习圆周跑

二、常见错误动作和纠正方法

（一）跨越式跳高中常见错误动作和纠正方法

1. 助跑节奏不积极，起跳前动作停顿，跑速下降。
产生原因：
①对助跑概念不清，有恐惧心理。
②技术不熟练，助跑最后几步步长过大，节奏变慢。
③助跑速度分配不合理，前段过快，导致后程减速。
④速度素质和腿部力量较差。
纠正方法：
①做固定步点的助跑练习，要求各步步长准确。
②在固定助跑步长的条件下，用信号（如有节奏的击掌

声）引导学生练习助跑，以便于掌握逐渐加速的助跑节奏。

③助跑和起跳过杆的练习。

④加强速度和腿部快速力量的练习。

2. 放起跳脚时送髋不够或身体向横杆方向过早倾斜。

产生原因：

急于过杆，上体动作做得太早，下肢及髋部未跟上。

纠正方法：

把起跳点向横杆方向移近一些，做上一步的起跳练习。

3. 摆动腿踢杆，或起跳腿碰杆。

产生原因：

①摆动腿踢杆是起跳点过近或摆动腿摆动时过于向外。

②起跳腿碰杆是起跳点过远或起跳收腿太慢。

纠正方法：

①丈量准确的步点，做向上的摆腿练习。

②收起跳腿的练习，同时加强助跑与起跳相结合的练习。

（二）背越式跳高中常见错误动作和纠正方法

1. 助跑起动不积极，加速节奏不明显。

产生原因：

信心不足，有恐惧心理不敢跑，助跑步点不准。

纠正方法：

①要求起动时精神要集中，前两步要积极后蹬。

②以橡皮筋代替横杆。

③准确丈量步点，反复助跑做到积极准确。

2. 助跑时身体重心过低。

产生原因：

助跑时后蹬不积极，脚落地动作弹性差，髋部没有前送。

纠正方法：

多做弹性跑，特别是多练习跑动时积极送髋动作。

3. 弧线助跑时上体内倾不够。

产生原因：

弧线跑速度过慢，急于过杆，上体过于紧张，使上体过早抬起。

纠正方法：

缩小半径的圆圈跑，在跑动中体会身体内倾的感觉。

4. 助跑的倒数第二步不能准确地踏在弧线上，影响起跳脚落地的角度和起跳点至横杆垂直面的距离。

产生原因：

没有量好助跑步点，助跑时步长不稳定。

纠正方法：

画好弧线，量好步点，做好助跑标志。练习时要准确踏在标志线上，助跑要快而稳定。

5. 起跳前冲力过大，向上腾起不够。

产生原因：

助跑时速度过快，起跳不充分，送髋不够，摆动腿和臂摆动时间过晚。

纠正方法：

多做迈步、摆腿练习，加快骨盆前送动作，迈步快而且带摆动腿快摆。在掌握好助跑节奏的基础上做起跳练习。

6. 起跳向上腾起但无法杆

产生原因：

起跳的制动过大，迈腿前伸过远，上体后仰，助跑速度慢，起跳前身体重心过低。

纠正方法：

加快助跑速度，改进起跳技术，做积极、快速的起跳练习。

7. 摆动腿的动作不充分。

产生原因：

摆动腿起摆晚；摆动方向不对。

纠正方法：

多做摆腿练习和起跳摆腿配合练习。要求沿弧线助跑的切线方向摆动。

8. 杆上没有挺髋动作，坐杆或平躺在杆上。

产生原因：

起跳后送髋不充分，害怕肩着地而过早低头，收腿过早。

纠正方法：

多做送髋起跳练习，原地起跳过杆挺髋的练习。鼓励学生消除害怕心理。

9. 过杆时小腿碰杆。

产生原因：

在杆上挺髋时间过长，收腹举腿动作时机晚或速度慢。

纠正方法：

过杆时快些收腹举腿，在垫子上多做一些收腹举腿练习。

在背越式跳高中还有许多易犯的错误动作，这里就不能一一列举了。在教学过程中教师要学会观察和分析动作，要找出原因和提出纠正的办法，这样就会在实践中及时纠正背越式跳高中产生的错误动作。

三、教学注意事项

（一）小学教学中应运用跳高练习发展学生的身体素质，同时提高学生对跳高项目的兴趣。

（二）运用跳高作为发展弹跳力的一种手段，为通过《国家体育锻炼标准》创造条件。

（三）在跳高教学中要根据学生的实际情况采用不同高度进行练习，也可以用橡皮筋代替横杆。

（四）在讲解技术要领时，应简明扼要，通俗易懂，突出重点。

（五）在跳高教学中要注意合理安排运动量，注意弱小学生的身体情况，做到区别对待。

（六）充分做好准备活动是防止伤害事故的前提，特别是在小学教学人数较多，课堂组织教学有一定难度，更应重视这个问题。

（七）根据少年儿童的生理和心理特点，练习某一手段的时间不宜过长，以免产生疲劳，应多采用不同形式不同内容的组合练习或及时进行练习的转换，教学方法也应多样化。

（八）儿童时期要注意对学生进行思想品德教育。跳高教学和训练可以培养学生守纪律、团结互助、勇敢、顽强、不怕困难等优秀品质。

（九）注意示范的正确性，用优美、熟练、准确的动作给学生留下完美的形象，而且能激发学生的学习情绪，有助于提高学习跳高的兴趣，起到鼓舞的作用，使学生看了正确示范就跃跃欲试。在小学生中，正确动作示范的效果尤为明显。

第三节　跳高的训练

一个具有跳高天才的运动员，要想达到较高的运动技术水平，需要从儿童少年时期开始，经过多年系统训练才能实现。

在跳高训练中要根据少年儿童的特点，把身体素质训练、技术训练和心理训练有机地结合起来，使其全面发展。

一、身体训练

身体训练可分为一般身体训练和专项身体训练。一般身体训练是专项身体训练的基础，特别是少年儿童正处于生长发育阶段，应在训练中采用多种多样的身体训练手段，全面发展学生的身体素质，增进健康水平，促进生长发育。在进行一般身体训练时应注意利用发展各项身体素质的敏感期，突出训练的重点，则能收到比较明显的训练效果。专项身体训练是跳高专项中能直接促进专项技术的改进和完善，并对跳高成绩的提高起主要作用的练习。

（一）一般身体素质训练

1. 速度训练

速度训练在跳高中占有重要位置，所以发展速度素质是跳高项目多年训练中的一项重要内容。速度训练的主要手段有：

（1）跑的专门性练习：主要是采用短跑项目发展速度的专门性练习。如：小步跑、高抬腿跑、后蹬跑和车轮跑等。

（2）听信号起跑：距离为30～60米，提高反应速度和加速能力。

（3）行进间跑：距离为20～40米，计时以提高练习强度。

（4）追逐跑：可采用接力、游戏、错位追人等练习。

（5）上坡跑：坡度为3°～5°，可提高步幅和增强腿部力量。

（6）下坡跑：坡度为3°～5°，练习下坡跑可提高跑的步频。

（7）带领跑：利用人或自行车以一定的速度带跑。目的是提高步频和跑速。

（8）变速跑：距离为20～50米的快、慢交替跑，提高加速能力和节奏感。

（9）反复跑：段落距离为60～120米，发展速度耐力。

（10）拖重物跑：发展腿部后蹬力量。

（11）负沙护腿做跑的专项练习。

（12）跨栏跑，可根据学生的实际情况，采用不同栏距和栏高，增加栏间步数跑或缩短栏距加快频率跑。

2. 力量训练

力量素质包括绝对力量、相对力量、速度力量和力量耐力等。跳高运动员所需要的力量素质，主要是相对力量和快速力量。在儿童少年时期，应在全面发展身体各部位力量的基础上，重点发展下肢的速度力量。发展力量的主要手段有：

（1）跨步跳和单足跳。

（2）单杠的引体向上，低杠的悬垂引体。

（3）仰卧举腿、两头起、仰卧起坐。

（4）肋木收腹举腿、收腹屈膝。

（5）使用轻杠铃做高翻、半蹲、抓举等。

（6）快速半蹲跳和提踵练习。

（7）快速弓箭步走，走时前腿的大腿与地面平行，后腿蹬直。

（8）负沙袋或轻杠铃快速的前后分腿跳。

3. 耐力训练

耐力素质对跳高运动员的重要性是不可低估的，只有具备了良好的耐力素质，才能承担主要训练阶段的较大运动负荷和长时间比赛的需要。耐力训练的主要手段有：

（1）较长时间的球类运动及游戏。

（2）各种类型的综合练习及组合练习。

（3）变速跑、越野跑、间歇跑、定时跑、重复跑。

（4）各种抗阻力练习，多做克服自身体重的练习。

（5）长时间的活动，如游泳、滑冰、自行车、划船等。

在进行耐力训练时，要特别注意呼吸问题。耐力训练应以有氧耐力为基础，要根据专项特点选用不同的训练方法。注意在耐力训练中加强对运动员意志品质的培养，同时对运动员的体重进行监控。

4. 灵敏和柔韧的训练

跳高项目对运动员的灵敏和柔韧性要求很高，因为跳高技术本身就包含了很高的灵敏性。完成正确的技术也需要有较好的柔韧性。良好的灵敏素质的标志是运动员在各种复杂的条件下能够迅速、准确、协调地做出某些相应的动作。良好的柔韧性是指人体的躯干和下肢的关节具有较大的活动幅度，肌肉具有良好的伸展性和弹性。发展灵敏和柔韧的练习手段有：

（1）各类徒手操、健美操、舞蹈、技巧练习。

（2）体操练习。

（3）各种活动性游戏。

（4）各种球类活动及花样跳绳。

（5）背弓和“桥”的练习。

（6）听信号的变向跑、折返跑练习。

（7）武术的基本功和动作练习。

（8）跨栏的专门练习，利用栏架做跳、跨及变节奏跑的练习。

发展灵敏性和柔韧性的练习一般安排在课的前段进行，

教练员要考虑选择训练手段应有针对性和实效性，同时要经常变换练习手段。

（二）专项身体训练

专项身体训练是身体素质训练中最贴近专项技术、对提高跳高运动成绩起重要作用的训练。在专项身体训练中，要根据训练对象及训练时期的不同，做到因人因时而异。

1. 专项速度训练

跳高运动员的专项速度包括助跑速度、起跳速度和过杆速度。考虑到以上各个技术特点，应着重从以下几个方面加强训练。

（1）20～30 米的助跑，要求达到最高速度。主要提高在有限距离内以最快时间达到最高速度的能力。

（2）不同半径的弧线跑，步数为 10～12 步，计时。

（3）直线段助跑计时和弧线段助跑计时，尤其应着重提高弧线段助跑速度。

（4）快速摆臂和摆腿。

（5）快速助跑与快速起跳结合的练习。

（6）垫上快速挺髋，计时计数。

（7）听信号按一定节奏进行全程助跑与起跳。

2. 专项力量训练

跳高运动员发展专项力量素质，其最终目的是为了增加助跑、起跳和过杆的速度，同时也是高质量完成跳高动作的基本保证。其主要练习手段有：

（1）徒手跳跃练习、多级跳、蛙跳、连续单足跳。

（2）负轻杠铃连续做上一步起跳。

（3）负重半蹲跳起（屈膝 130°）。

(4) 负重弓箭步走，重量为体重的 50%～70%。

(5) 双手持壶铃，快速半蹲跳起。

(6) 负重连续做上步起跳练习。

(7) 穿沙衣或沙护腿做跳跃练习。

(8) 穿沙衣或沙护腿做跳高练习。

(9) 穿沙衣或沙护腿助跑摸高。

(10) 大负荷的专项力量练习，如负重提踵、下蹲等。

(11) 各种跳深练习。

(12) 负中等重量，连续 5 次下蹲计时。

二、技术训练

各种身体素质训练的目的是给提高技术水平提供可靠的保证。技术训练中，除了要求运动员按常规的技术标准练习以外，还应考虑到运动员的个人特点。少年儿童训练的重点应是提高跳跃能力和掌握跳高的基本技术。从跳高的各阶段来看，应从以下几方面进行训练。

（一）助跑技术

1. 助跑的准确性。助跑的准确性是直接影响跳高成绩的重要因素，因此在训练中要反复进行练习，以保持相对稳定的助跑。此外还应选择在不同的地点、气候、环境及场地的条件进行训练，以锻炼适应能力，保持助跑的准确性。

2. 助跑的节奏。助跑的速度及助跑的节奏变化是助跑技术的核心。为了加快助跑速度，可采用缩短步幅的助跑，以加快步频；同时还可采用伴音信号节奏进行助跑练习；做 10～12 步的助跑练习，改进助跑节奏加快助跑速度和起跳速度。在助跑路线上做好标志，将标志物按各步步幅的相应距离放置，进行练习时按正确的助跑节奏进行；按助跑步点的助跑摸高练习。在练习助跑节奏时要注意培养学生的勇敢、果断精神，助跑的风格应积极、稳健。

（二）起跳技术

1. 助跑与起跳衔接的练习。以快速的助跑连接快速的起跳动作。采用助跑起跳摸高和跳上高架等。还可采用快速起跳坐式过杆（不宜多做）。这些练习应有助于加快最后 4 步的助跑速度和向上跳起。有助于改进助跑与起跳结合的技术。

2. 起跳时蹬摆配合的练习。起跳时摆动腿和臂的摆动动作对于提高起跳效果具有重要作用。练习时可采用原地起跳蹬摆配合的模仿练习；慢助跑起跳练习；短程助跑起跳练习；起跳后摆动腿触高物等。有些练习请参照“教学手段”中所述。

3. 正确起跳方向的练习。练习时控制好起跳方向，采用垂直起跳练习和摆动腿用力上摆的练习，同时要求臂积极上摆，使身体快速向上腾起。

（三）过杆技术

掌握正确的过杆技术动作，主要应在完整技术训练中进行。此外，还可将地面练习和杆上练习相结合，将原地起跳练习和短程助跑过杆练习相结合。练习过杆时应适当控制练习强度，以巩固正确的技术动作。

三、训练注意事项

（一）利用儿童少年身体素质发展的敏感期及时进行速度、柔韧、灵敏等身体素质的训练，打好全面身体素质基础。

（二）重视基本技术训练。

（三）从小培养学生吃苦耐劳的精神，树立勇敢果断、坚韧不拔的顽强作风。

（四）根据儿童少年的心理、生理特点对小学生进行训练。

（五）制定多年的训练计划时，注意发展小肌肉群的力量。

（六）训练后应注意安排恢复训练。以加速消除体力和精神上的疲劳，这在小学生训练中尤为重要。

（七）利用各种恢复手段进行体力恢复。

第九章　跳　远

跳远是通过助跑获得一定的水平速度，用单脚起跳，进入腾空，最后以双脚落地的非周期性运动项目。跳远是锻炼身体、增强体质的有效手段，可以培养学生勇敢、顽强和果断的优良品质。

第一节　跳远技术

跳远的完整技术分为助跑、起跳、腾空和落地四个部分。

一、助跑

助跑的任务是使人体在起跳前获得最快的可控速度，为快速、有力、准确的起跳创造条件。

（一）助跑的速度

优秀运动员跳远时的助跑速度可达到 10～10.7 米/秒，通常通过逐渐加速的方式获得最高可控速度。加速的方式一种是运动员的步长变化较小，在跑动中加强后蹬、高抬大腿，靠逐渐加快步频来提高速度。另一种加速的方式是在开始时就以快频率起动，在加速过程中保持较快步频，靠逐渐增加步长来提高跑速，这种方式可较快获得速度，助跑距离可以缩短。

（二）助跑的距离

助跑的距离应根据运动员达到最高可控速度的需要而定。目前，优秀运动员的助跑距离，男子40～50米，助跑步数为19～24步；女子33～40米，步数为18～21步。儿童少年的助跑距离可适当缩短。在跳远的训练和比赛中，还应根据运动员的体力、场地和气候等情况对助跑距离做适当调整。

为了提高助跑和起跳的准确性，发挥较高的助跑速度，还可设置助跑的标志，通常将助跑的第一标志放在开始助跑处，将第二标志放在离起跑板6～7步处。当助跑技术较为巩固时，可将第二标志适当前移。

（三）助跑的技术

助跑的前几步身体前倾角度较大，两臂的摆动、大腿前摆及脚的蹬地都非常有力，用前脚掌着地，富有弹性。在助跑的中段，上体逐渐抬起，同时加大摆臂幅度，摆动腿的摆动和支撑腿的蹬地更加充分有力，上下肢协调配合，使身体快速向前移动。最后几步的助跑是跳远技术的重要环节，直接影响起跳前的速度、踏板的准确性和起跳动作的合理性。因此，要继续保持较大的动作幅度和较快的步频，保持较高的身体重心位置。在倒数第二步摆动腿着地支撑时，适度地降低身体重心，既能保持助跑与起跳的连续性，又能为完成正确有力的起跳做准备。总之，保持跑的动作结构和高速度，保持稳定的步长和跑的节奏，使身体重心平稳地向前运动是完成最后几步助跑的显著特征。

二、起跳

起跳是跳远技术中难度最大和最重要的阶段。起跳的任务是在快速助跑的条件下，通过合理的起跳动作改变人体运动的方向，获得适宜的腾起角度和尽可能大的腾起初速度。

起跳动作包括起跳脚着板、缓冲和蹬伸三个动作阶段。

（一）起跳脚的着板

起跳脚的着板动作接近跑步的动作。运动员起跳时，起跳腿在脚着板时几乎伸直，并尽可能地以全脚掌踏板，减少脚掌滚动造成的速度损失。

起跳是在高速度条件下进行的，起跳脚与地面接触时的冲击力很大，起跳脚着板时必须快速地向后扒地，并使身体重心保持较高位置。

（二）缓冲

起跳动作的效果在很大程度上取决于缓冲阶段的动作。这一阶段的主要任务是为起跳腿有力的蹬伸做好准备。

起跳脚着板时，由于人体具有很高的速度并产生很大的惯性力，迫使起跳腿的髋、膝、踝关节轻微弯曲而得缓冲，其中膝关节的弯曲角度约为 145°～150°。

在缓冲过程中，起跳腿的伸肌处于拉长状态并保持高度紧张，从而为下一步快速蹬伸起跳时的肌肉工作创造了有利条件。在缓冲阶段，身体应伸展送髋，使身体重心迅速前移。

（三）蹬伸起跳

当身体重心前移至起跳腿支撑点上方的垂直部位时，被拉长的下肢伸肌开始强有力收缩，使髋、膝、踝三个关节迅速伸展，上体也向上伸展，并与摆动腿、摆臂、提腰等动作协调配合。使人体沿 20°～24°的腾起角腾起。在起跳过程中，上体应保持正直。

起跳中的摆动动作对于增强起跳动作的效果也具有重要意义。在起跳脚着地后，摆动腿大幅度地向前上方摆动，能加大起跳腿对地面的作用力。当两臂和摆动腿加速摆至水平位置时，突然减速制动，能充分利用摆动的惯 性力，加快蹬伸起跳动作，增大腾起的初速度。双臂和摆动腿的摆动，还能够维持身体平衡，保持正确的起跳方向，为下一步的腾空创造有利条件。

三、腾空

人体离地腾空后，在没有外力的作用下，不能通过身体的动作而改变身体总重心抛物线的轨迹，空中的动作只能用于保持身体平衡，以便在落地时将损失减小到最低限度。腾空初期，身体保持向前跨步姿势，即腾空步，以后的动作有三种姿势：蹲踞式、挺身式和走步式，下面分别予以介绍。

（一）蹲踞式

在腾空步姿势的基础上，身体上升到最高点，起跳腿屈膝向前上方提举，向摆动腿靠拢后双腿共同上举，使膝靠近胸部，上体适当前倾，落地前两臂向后摆动，同时借助举大腿的动作，小腿前伸落地（图九 1）。

图九1 蹲踞式跳远

图九 2　挺身式跳远

图九 3　走步式跳远

（二）挺身式

起跳后在腾空步姿势的基础上，展髋、下放摆动腿与身后的起跳腿靠拢，同时挺胸，双臂向后上方摆动，伸展身体，在空中形成挺身姿势，而后做收腹举腿，两臂向前下方摆动，同时前伸小腿准备落地（图九 2）。

（三）走步式

运动员在腾空阶段做走步动作，通常走两步半，高水平运动员可走三步半。在起跳腾空步后，摆动腿积极下压，向后摆动，同时起跳腿屈膝，大腿向前摆动，完成前后两腿交换动作，同时起跳腿的同侧臂下落、后摆，在体侧两臂做前后交叉绕环，上体稍后仰，然后处在身后的摆动腿向前上方摆动与起跳腿并拢，两臂摆到体前准备落地（图九 3）。

四、落地

落地动作应充分利用人体腾空时的抛物线轨迹，尽可能地使双脚在落地前向前伸出，保证身体移过着地点，在脚着地的瞬间，两腿迅速屈膝缓冲，髋部前移，两臂屈肘积极前摆，使身体移过支撑点，避免后坐。

落地的动作有侧倒法、前倒法和臀坐法。

第二节　跳远的教学

跳远的教学，应把助跑与起跳结合的技术作为教学的重点。在教学过程中，应采用完整和分解技术相结合的教学方法，并注重完整技术的教学。

一、教学步骤和方法

（一）建立正确的技术概念

1. 方法

（1）通过放映技术录像、观看图片等直观教学方法介绍跳远的完整技术以及练习跳远的意义。

（2）通过跳远动作示范，介绍跳远的技术特点。

（3）组织学生进行练习，使学生体会跳远技术动作。

（4）在学生对跳远项目有感性认识的基础上，运用对比、分析、讲解的方法使学生建立起正确的技术概念。

2. 教法提示

（1）注意示范的位置和方向。

（2）讲解要简明扼要，示范要正确。

（3）注意让学生从不同角度观看示范。

（二）学习和掌握助跑与起跳技术

1. 方法

（1）原地模仿起跳动作练习。摆动腿单腿支撑地面，膝关节微屈，随着重心的前移，起跳腿向前迈出，做踏板动作，同时两臂前后摆动，协调配合。

（2）慢跑结合起跳动作练习。

（3）三步助跑起跳练习。

（4）学习短、中距离助跑的腾空步动作。助跑起跳后保持腾空步姿势，以摆动腿着地，落地后继续向前跑进。

（5）4～6 步助跑，起跳后成腾空步姿势，用摆动腿落在跳箱上。根据学生的具体情况选定起跳点至跳箱的距离。

（6）短、中程距离的助跑，做助跑起跳衔接技术的练习。

（7）全程助跑起跳练习。在全程跳远练习过程中要做到速度快、跑直线、自然放松、踏板准、身体平稳。起跳时蹬地充分，摆动腿和两臂的摆动积极有力，挺胸拔腰。

（8）丈量步点一般采用走步丈量法：用跑的步数乘 2 减 2，如丈量 8 步助跑时，走 14 步即可。

2. 教法提示

（1）起跳脚落地后身体要快速前移，起跳结束后上体接近正直，起跳腿蹬地充分，摆动腿屈膝高抬。

（2）做短、中程助跑起跳时，身体重心不下降，不出现停顿和不改变跑的姿势。

（3）为了使学生建立准确的踏板意识，可以扩大起跳区，随着步幅的稳定和动作的熟练，将起跳区逐渐缩小到起跳板的宽度。

（三）学习和掌握落地动作

1. 方法

（1）立定跳远，立定二级和三级跳，落地时向远处伸腿，用前移、侧倒或臀坐姿势落地。

（2）短、中距离助跑，在沙坑中放置标记，做落地动作练习。

（3）在离落地点 50～70 厘米处设一标记，跳起后越过标记做落地动作。

2. 教法提示

（1）学习落地动作注意抬大腿，伸小腿，重心前移，落地动作要及时。

（2）开始跳远教学时就学习落地基本动作。

（3）落地动作要柔和，双腿要有弹性的弯曲。

（4）不要过多地单一学习落地动作，应在完整练习中逐渐掌握和巩固。

（四）学习和掌握挺身式空中动作

1. 方法

（1）原地模仿练习。起跳腿在前，摆动腿在后，摆动腿向前上方屈膝抬起，两臂前上举，在摆动腿向下后摆至与起跳腿并拢，以双脚尖撑地，双臂上举，挺胸，提踵送髋成伸展姿势。

（2）原地跳起挺髋展体。

（3）从跳箱上跳起，在空中挺髋展体落下。

（4）慢跑起跳腾空后，摆动腿向下后方摆动，与起跳腿并拢，两臂上举，成腾空展体姿势后双脚落地。

（5）助跑4～6步或8～12步，起跳腾空后做挺身动作练习。

2. 教法提示

（1）摆动腿下压后摆时，注意做挺髋动作。

（2）空中挺髋展体，身体放松。

（3）避免身体后仰。

（4）不要向前挺腹。

（五）改进和提高跳远完整技术

1. 方法

（1）中距离助跑的跳远练习。

（2）逐渐加长助跑距离的跳远练习。

（3）全程助跑的跳远练习。

（4）技评与达标。

（5）组织教学小结。

2. 教学提示

（1）进行重复练习时，采用区别对待的原则，给每个练习者提出改进技术细节的要求和建议。

（2）对助跑中脚的落地、最后几步助跑、起跳中的摆臂和摆动腿的动作、起跳脚的踏板、腾空步等方面，给学生提出明确的练习要求和指导。

（3）对全程跳远的技术提出改进意见。

二、常见错误动作和纠正方法

（一）助跑时肩关节或髋关节太紧张，跑的技术僵硬变形

1. 产生原因

只想用力快跑，上肢、肩带和下肢的肌肉过分紧张，忽视了动作的自然放松。

2. 纠正的方法

（1）多做30～60米的段落跑。

（2）60～80米的放松大步跑。

（3）连续的由慢到快的逐渐加大步幅和节奏的段落跑。

（二）踏板不准

1. 产生原因

（1）助跑时步幅、步频的变化不稳定。

（2）助跑时加速不均匀或姿势不固定。

（3）由于体力或心理因素而影响了助跑节奏。

（4）气候和场地的影响。

2. 纠正方法

(1) 采用固定的助跑姿势，做好标志，提高踏板信心。

(2) 多进行短距离跑，特别是加速跑和不同节奏的变速跑，用以巩固助跑的节奏。

（三）助跑后程减速

1. 产生原因

(1) 助跑前程过于紧张造成后程体力不足。

(2) 步点不准，最后几步为了踏上板而被迫调整步幅或步频。

(3) 怕踏板不准，信心不足，使动作拘谨。

2. 纠正方法

(1) 做助跑练习，加深对技术动作概念的理解，开始练习时缩短助跑距离，在提高速度的过程中改进起跳技术。

(2) 反复练习和调整步点，特别强调加强后蹬，加快节奏，快速上板。

(3) 做跑过起跳板的练习，强调利用速度，起跳轻而柔和。

(4) 做全程助跑练习，不断提高心理素质，克服怕上板的恐惧心理。

（四）助跑时重心低、坐着跑

1. 产生原因

(1) 助跑时后蹬不充分，髋关节伸展不充分。

(2) 过分强调加快频率，使学生忽视后蹬动作。

2. 纠正方法

(1) 助跑时尽量保持较高的身体重心。

(2) 多做后蹬跑练习，在加速跑时应注意后蹬送髋动作。

（3）做原地支撑高抬腿练习。

（五）最后几步助跑时上体前倾

1. 产生原因

（1）注意力过分集中在踏跳板上。

（2）腰背肌力量较差。

2. 纠正方法

（1）要求运动员跑至倒数第六步时，必须保持上体直立，不要低头。

（2）加强腰背肌力量训练。

（六）起跳时起跳腿蹬伸不直

1. 产生原因

（1）起跳时没有积极送髋，蹬伸用力过早或过晚。

（2）腿部力量较差，起跳腿着地时缓冲过大。

2. 纠正方法

（1）各种力量练习，增强腰腿部力量。

（2）做高重心的最后几步助跑起跳练习。

（3）强调起跳离地瞬间上体向上提起。

（七）起跳时制动过大

1. 产生原因

（1）起跳时身体后仰，身体重心没有很快移过重心投影点。

（2）起跳脚着板时，没有向后扒地的动作，落地时制动过大。

2. 纠正方法

（1）正确认识水平速度对跳远的意义。
（2）强调起跳脚着地时爆发式扒地动作。
（3）做高重心的踏跳，在斜板上踏跳。

（八）助跑和起跳衔接不好

1. 产生原因
（1）起跳动作不熟练。
（2）助跑速度过快，起跳前被迫减速。
（3）助跑的节奏混乱，助跑与起跳缺乏自然连贯。
2. 纠正方法
（1）起跳的模仿练习，短程助跑结合起跳。
（2）改进助跑的技术，在此基础上多做起跳练习。
（3）确定合理的助跑速度与节奏，反复进行练习。

（九）挺身式跳远中挺身过早

1. 产生原因
（1）起跳蹬地不充分，摆腿不积极。
（2）摆动腿过早下落。
2. 纠正方法
各种助跑距离的起跳接腾空步练习，强调腾空步姿势，待身体腾越一定距离后再做挺身姿势。

（十）以挺腹代挺身

1. 产生原因
（1）腾空步后摆腿下落不积极。
（2）摆动腿没有后摆动作，头和上体后仰。
（3）挺胸拔腰不够。

2. 纠正方法

(1) 做原地挺身跳远的练习。

(2) 由高处跳下做挺身练习。

(3) 短中距离的助跑起跳和摆动腿下压后摆练习。

(十一) 落地时小腿前伸不够

1. 产生原因

(1) 脚着地前低头,上体前压过快。

(2) 两腿上举不够。

(3) 腰腹力量和下肢柔韧性差。

2. 纠正方法

(1) 做立定跳远和前伸小腿落地练习。

(2) 做短程助跑跳远练习,着地时高抬大腿。

(3) 发展腰腹力量及柔韧性。

(4) 立定跳远落地后向前滑动练习。

三、教学注意事项

(一) 儿童少年兴趣广泛,注意力不够集中,因此,课堂教学和训练的组织要严密,注意安全因素,做好准备活动,防止受伤。

(二) 准备好场地器材,防止学生受伤。

(三)在儿童少年教学中要以发展跳跃能力和掌握正确技术为主。

(四) 将各种练习和游戏结合起来,以发展弹跳能力。

(五) 儿童少年跳远技术教学时,根据他们的身体素质情况确定他们的助跑速度,练习跳远时以短、中距离助跑为主。

(六) 儿童少年学习跳远技术时,要注意助跑和起跳衔接的技术，打下良好的技术基础，为以后的提高创造条件。

第三节　跳远的训练

跳远是一项对身体素质要求很高的运动项目，要熟练掌握跳远技术，必须要具备较好的弹跳力、速度、力量、灵敏、柔韧性和协调能力。因此，进行必要的系统训练，是提高成绩的主要途径。

一、身体训练

身体训练包括速度、弹跳力、力量、灵巧性及柔韧性的训练，对少年儿童的训练应以全面发展为主。

（一）一般身体训练

1. 跑的练习：跑的练习可以提高速度素质，提高内脏器官功能。

（1）放松跑，以 60 米、100 米为主，要求加大步幅。

（2）加速跑，30 米、60 米、100 米。

（3）中等速度的反复跑，距离为 60 米、100 米。

（4）变速跑，不同距离的段落组合，快慢交替进行。

（5）做跑的各种专门性练习，如小步跑、高抬腿跑、后蹬跑，距离为 20～30 米。

（6）站立式、蹲踞式起跑。

2. 跳跃练习：主要是增强腿部力量，提高下肢的爆发力和弹跳力，发展协调性。

（1）立定跳远。

（2）蛙跳5～10级。

（3）单足跳10～20米。

（4）跨步跳20～40米。

（5）多级跳3～10级。

（6）半蹲跳、全蹲跳。

（7）纵跳。

（8）跳起摸高。

3. 力量练习：力量是发展各项身体素质的基础，通过力量练习，提高肌肉力量。

（1）轻重量的挺举、抓举、高翻等。

（2）以体重的50％～60％负重半蹲、全蹲。

（3）负重弓箭步走10～20米。

（4）负重体前屈抬起。

（5）负重左右转体。

（6）仰卧起坐。

（7）前后抛实心球。

（8）持壶铃半蹲跳。

（9）仰卧举腿。

（10）在肋木上做悬垂举腿。

（11）俯卧在垫子或山羊上，固定双脚，做挺身练习。

（12）侧卧在垫子或山羊上，固定两脚，做上体侧屈。

4. 其他项目的练习：例如各种球类活动、体操练习、各种游戏和武术中的一些练习，用这些活动来发展灵敏、协调和柔韧性等素质。

（二）专项身体训练

专项身体训练是与专项成绩的提高有直接和密切关系的

训练，包括专项的速度、快速力量和弹跳力等。

1. 发展速度的练习

（1）站立式、蹲踞式起跑、起跑后的加速跑 30～60 米。

（2）短段落的变速跑。

（3）顺风跑，要轻快而有节奏。

（4）利用上、下坡跑，跑的距离不要过长，用蹲踞式起跑。

（5）把各种段落结合起来的速度练习。

（6）跨中、低栏的练习。培养运动员的节奏感、放松和协调性。

（7）以助跑的节奏进行顺风跑。

（8）40～50 米的重复跑，逐渐提高步幅、步频和跑速。

（9）高抬腿跑、小步跑、车轮跑，距离为 20～30 米。

2. 发展快速力量的练习

发展快速力量时要和发展速度紧密结合起来，快速力量是跳远必备的重要素质之一。

（1）肩负杠铃，起跳腿屈膝，踏在适当高度的物体上，按起跳技术要求，快速蹬直起跳腿，摆动腿协调配合。

（2）由大弓箭步向前上方跳起。

（3）在沙地里跨步跳。

（4）在沙地里强调伸展髋部的连续跳跃。

（5）从高处跳下，再向前跳远。

（6）从高处跳下，单脚着地再跳起摸高。

（7）用双脚连续跃过 4～6 个栏架。

（8）穿沙衣、沙裹腿进行不同距离跑、跳的练习。

（9）背负同伴跑。

（10）双手负重的弓箭步跳。

（11）双手抛实心球向上跳起。

（12）负重提踵和原地蹬摆腿练习。

3. 发展弹跳力的训练

（1）连续上一步起跳，两臂协调摆动。

（2）原地直腿单脚跳起摸高，双脚轮换，也可双脚一起跳，用前脚掌发力。

（3）原地换腿跨跳。两腿一前一后，跳起时交换腿。

（4）从跳箱上跳下，然后起跳腾空落地。

（5）穿沙衣进行短距离助跑起跳。

（6）下坡放松跑起跳。

（7）连续跑 3 步起跳。

（8）单腿下坡跳。

（9）单脚跳绳练习，然后交换。

（10）双脚跳绳练习，跳一次摇 2～3 次。

（11）双脚连续起跳，左右手连续摸高。

（12）各种跑的专门练习接起跳。

二、技术训练

技术训练要从儿童抓起，特别是 6～13 岁的儿童是掌握技术的敏感期，因此，要把技术训练作为全年和多年训练的任务之一。

（一）改进助跑技术的训练

1. 用固定姿势助跑，30～50 米加速跑。

2. 在助跑道上反复做中、短程的助跑。

3. 下坡加速跑 20 米接惯性快跑 20 米。

4. 检查助跑开始段的预备姿势、步长及加速情况，保持最初几步步长的稳定。

5. 在跑道上做30～50米加速跑，计时，培养学生的速度感。

6. 按规定步数、步长做标志加速跑，掌握助跑节奏和准确性。

7. 固定加速跑的步数，做10米、20米、30米行进间快跑。

8. 站立式起跑和行进间跑，距离为30～60米。

（二）改进起跳技术的训练

1. 反复进行不同助跑距离的起跳。

2. 助跑6～10步，踩准标记起跳。

3. 助跑4～6步从跳箱盖和踏跳板起跳成腾空步。

4. 放松跑，踩准标记起跳。

5. 助跑6～8步，起跳做腾空步，摆动腿落在40～80厘米高的跳箱盖上。

6. 连续跳1步或3步后，起跳过栏架。

7. 短程和中程助跑起跳，注意最后几步的速度、节奏和助跑与起跳的结合。

8. 助跑8～12步起跳。

9. 全程助跑的腾空步练习，强调最后几步用最大可控速度，注意动作放松自然。

10. 全程助跑起跳，体会正确的助跑节奏和起跳中用力的感觉。

（三）改进腾空和落地技术训练

1. 挺身式和走步式腾空落地姿势的模仿练习。

2. 助跑 6～8 步起跳接腾空步。

3. 原地起跳做抱膝和收腹举腿动作。

4. 从高处向沙坑跳下，做空中动作的模仿练习。

5. 助跑 5～7 步，起跳后在空中保持起跳姿势，然后双脚落地。

6. 站立式起跑接跳起成腾空步姿势，收腿全蹲，两脚前伸落地。

三、训练注意事项

（一）应根据儿童少年生长发育中的生理和心理特点安排训练。

（二）对儿童少年进行跳远训练时，应该先发展他们的全面身体素质，其中应重点发展速度、柔韧、协调和爆发力素质。

（三）对儿童少年进行力量练习时要控制好练习负荷，一般多安排中小重量的练习和快速力量的练习，注重发展小肌肉群的力量。练习的负荷和手段应和身体素质的发展水平相适应。

（四）抓好基本技术训练。从小培养学生对跳远技术的理解能力和掌握技术的能力。对跳远的基本技术动作，从小就要精雕细琢，反复练习，精益求精。

第十章　推铅球

推铅球是学校体育教学中的田径项目之一。

推铅球是我国田径运动中的优势项目，特别是女子铅球项目具有世界先进水平。在奥运会和世界锦标赛中，我国女子铅球运动员取得了优异成绩，多次获得世界冠军，为祖国争得了荣誉。经常从事这项运动的练习，能发展学生速度、力量、灵敏和协调等身体素质，并能培养学生勇敢、顽强的意志品质。

随着田径运动实践和科学研究的发展，推铅球的技术不断改进，以提高铅球的出手速度为主要目标，达到提高运动成绩的目的。

成年男子比赛用的铅球重量为 7.26 千克，成年女子的铅球重量为 4.0 千克。儿童少年使用的铅球重量较成人有所减轻。推铅球的场地为一个圆形的投掷圈，圆圈的直径为 2.135 米，圆圈前端设置一块抵趾板，防止运动员投掷时犯规。铅球的落地区是一个圆心角为 40°的扇形区，投掷时，铅球必须落在扇形区内。

第一节　推铅球技术

目前世界优秀田径运动员采用的推铅球技术有两种：背向滑步推铅球和旋转推铅球。由于背向滑步推铅球技术简单、实用和容易教学，在我国应用较为普及，限于本书篇幅，这里只介绍背向滑步推铅球的技术。

一、握法与预备姿势

握球与持球：右手（均以右手推铅球为例）的五指自然分开，把铅球置于食指、中指和无名指的指根上，拇指和小指自然地扶在球的两侧，手腕背屈（图十 1）。手指和手腕力量较强的学生，可把铅球适当地向手指处放置。握好球后将铅球置于右侧锁骨窝处紧贴颈部。右肘外展，略低于肩部，左臂自然上举（图十 2）。

图十 1　铅球的握法

图十 2　持铅球的姿势

开始滑步前，背对投掷方向站立，用右脚尖顶住投掷圈后部内沿，身体重量由右腿承担，身体直立，左脚前脚掌或脚尖在右脚后面撑着地面，将铅球置于颈部，左臂前上举或自然放松下垂（图十3①）。

①　②　③　④　⑤　⑥

⑦　⑧　⑨　⑩　⑪

⑫　⑬　⑭　⑮　⑯　⑰

图十3　背向滑步推铅球

二、滑步

滑步的目的是使人体和铅球获得一定的预先速度，形成有利的用力前预备姿势。由于从静止姿势开始进行滑步，运动员在进行滑步前应做准备动作。

常见的滑步前准备动作有两种：

（1）右腿弯曲，左腿回收靠近右腿，降低身体重心做团身动作。

（2）上体前倾的同时，左腿向后上方摆出，几乎与地面平行（见图十3②），然后右支撑腿屈膝，左腿回收靠近右腿，团身降低身体重心（见图十3④）。

开始滑步时，臀部先向投掷方向移动，然后左腿积极向投掷方向大幅度摆动，右腿随之迅速有力地蹬地。在这一动作过程中，摆腿和蹬地应有机地结合起来，摆动在前，蹬地在后，摆蹬结合。动作的方向应以使人体获得较大的水平速度为目的，上体不应过早抬起。完成右腿的蹬伸动作时右脚以脚后跟离地，然后迅速回收右小腿并向内扣，以前脚掌着地，与投掷方向成90～120°角，左脚随之快速落地。在滑步回收右小腿时，应紧贴地面水平向后回收，右脚腾空的高度以3～5厘米为宜，此时人体有一个短暂的腾空，时间通常为0.12～0.14秒，右脚落地位置通常在投掷圈的圆心附近，左脚落地位置靠近抵趾板，稍偏左一些，两脚呈“八字形”。

滑步结束时，形成良好的超越器械和用力前的预备姿势是取得优异成绩的前提。左脚落地瞬间，人体头部、躯干、左腿应形成一条直线（见图十3⑨），眼睛注视右后下方，背对投掷方向，身体重心和铅球投影点位于右腿支撑点后方，以便有较长的用力工作距离。

三、最后用力

滑步结束右脚着地后，左脚迅速落地，当身体重心移过右脚支撑点上方时，右腿主动蹬伸，开始最后用力。右腿蹬地时，推动右髋加速向前，并转向投掷方向，使髋轴和肩轴形成交叉扭紧的状态，可以发挥更大的力量。

随着右髋的前移，上体抬起并转向投掷方向，身体形成背弓姿势，投掷臂位于铅球的后方（见图十3⑭、⑮）。当身体重心移向左腿时，左腿被动曲膝，随即迅速有力地蹬伸，胸部前振，投掷臂快速将铅球向前上方推出。

在最后用力中，自下而上的用力顺序可以使铅球获得较大的出手速度，也是取得优异成绩的关键。左腿有力的支撑和蹬伸动作可以加快人体和铅球向前的运动速度。左臂合理的摆动动作对于加快向前的速度、保证正确的投掷方向也有一定的作用。

第二节　推铅球的教学

推铅球教学一般都采用分解动作与完整技术相结合的教学方法。其教学顺序一般是先学习原地推铅球的动作，然后学习滑步，最后学习滑步推铅球的完整技术。在教学的各个阶段，要根据教学任务与要求突出各技术环节的重点。

由于背向滑步推球技术简单易学，而旋转推铅球技术较为复杂，因此在儿童少年的教学中以背向滑步推铅球为主。

一、教学步骤和方法

（一）初步了解背向滑步推铅球的技术

1. 教学方法

(1) 讲解推铅球的技术结构、特点和学习推铅球的意义。

（2）简要介绍推铅球的场地、器材规格、比赛规则。

（3）对学生进行安全教育。

（4）教师进行背向滑步推铅球完整技术动作的示范，让学生观摩优秀运动员推铅球技术的录像、图片等。

2. 教学要求

（1）使学生对学习推铅球的意义有明确的认识，了解技术的重点和主要环节，并在实践中提高认识。按技术规格进行练习，逐步掌握和完善技术。

（2）加强安全教育，培养良好的组织纪律性。

（二）学习原地推铅球的技术

1. 教学方法

（1）单双手持铅球或实心球的各种抛、推球练习。

①前后抛铅球或实心球（图十4）。

面对或背对抛球方向，双手持球，两脚左右开立，与肩同宽，经下蹲后，两腿快速蹬地，用力将球向前或向后抛出。

要求：

体会自上而下的用力顺序，前抛时出手角度较小，约为35°，后抛时要掌握好出手时机，出手角度稍大，约为40°。

②原地向下推铅球或实心球。

两脚前后站立，两膝微屈，右手持球，肘部位于铅球后上方并尽量外展，掌心向下，左手扶球，配合上体前俯动作，右臂向下方用力，以屈腕拨指动作将铅球地面推出（图十5）。

要求：推球时肘关节位于铅球的后上方，体会手腕、手指的用力拨球动作。

③原地向上推铅球或实心球。

两脚左右开立，与肩同宽，右手持球，两腿曲膝下蹲，然

图十 4　前后抛铅球或实心球

后迅速蹬伸，伸展躯干，将铅球向前上方推出（图十 6）。

要求：掌握正确的持球方法，体会自下而上的用力顺序和正确的肌肉用力感觉。

（2）原地正面推实心球或铅球

①原地双手推实心球。面对投掷方向，两脚左右开立与

图十5　原地向下推铅球或实心球

图十6　原地向上推铅球或实心球

肩同宽，双手呈八字形，持实心球于胸前，两肘关节外展。用力前两膝弯曲，然后两腿迅速蹬地，使踝、膝、髋关节充分伸展，挺胸，双手用力将实心球向前上方推出，出手角度为

图十 7　原地双手推实心球

图十 8①　原地原手正面推铅球

图十 8② 原地单手正面推铅球

40°（图十 7）。

②原地正面推铅球。面对投掷方向，两脚左右开立与肩同宽，单手持较轻的铅球，右肩稍向右转动，使腰背肌肉扭紧，左臂前上举，两腿适度下蹲弯曲，然后两腿用力蹬伸，胸部转向投掷方向，带动右臂向前上方将铅球推出（图十 8①）。

③原地单手正面推铅球。面对投掷方向，两脚前后开立，左脚在前，右脚在后并以前脚掌着地，两脚间距略宽于肩，上体后倾，身体重心位于后腿上方，用力时，右腿蹬地向前送髋，然后左腿蹬地，挺胸，将球向前上方推出（图十 8②）。

要求：体会两腿用力的衔接和向前送髋的动作，掌握良好的用力顺序和正确的用力方向。

（3）原地侧向推铅球或实心球

身体侧对投掷方向，两脚前后开立略宽于肩，右脚与投掷方向约成 120°，右腿弯曲，上体后倾，体重落在右腿上，左腿自然伸直，以前脚掌内侧着地。左脚尖内转约 30°角，左脚尖与右脚跟在一直线上，右肘约与肩平或略低于肩，左臂前伸。推球时，首先蹬伸右腿，向前送髋，使身体转向投掷方向，然后蹬伸左腿、挺胸、将铅球推出。

要求：用力前将身体左侧肌肉群拉长。推球时整个动作要协调连贯、自下而上地快速用力，做好右腿的蹬转送髋动作。

（4）原地背向推铅球

站立姿势同原地侧向推铅球，用力前上体后倾并转至背对投掷方向，然后用力将铅球推出。

要求：在右腿的蹬伸中，髋轴迅速转向投掷方向，使髋轴和肩轴的交叉扭紧，随着身体重心移向左腿上方和身体快速转向投掷方向，形成背弓动作，可以提高躯干的用力效果。整个动作过程必须协调、连贯、加速。

（三）学习滑步推铅球技术

1．教学方法

（1）徒手滑步练习

①摆动腿预摆和团身练习：背对投掷方向，两脚前后开立，左脚尖点地，体重在右腿上，上体前倾，左腿向后摆动，在左腿回摆靠近右腿的过程中，右腿屈膝，弓背团身，降低身体重心。

要求：左腿后摆时摆至水平方向即可，不能摆得过高，做动作时保持身体平衡，动作协调。

②摆动腿的摆动与右腿的蹬伸练习：在预摆团身后，臀部略向后移的同时，左腿向抵趾板方向摆出，紧接着用力蹬伸右腿，推动身体向投掷方向移动，左脚落地后，右腿伸直，两脚呈“八字形”，支撑在地面上。

要求：练习时，应做到先摆后蹬，摆蹬结合，用力充分，幅度适当，轻松自然。上体保持后倾，头和左臂保持正确姿势。

③徒手滑步练习：高姿站立，在上述徒手①②练习的基础上进行徒手滑步的完整动作练习。预摆团身后，立即开始左腿后摆、右腿蹬地、右腿回收和左脚下压着地的滑步练习，形成最后用力的准备姿势。

要求：右腿完成蹬地动作后，沿地面上方3～5厘米处快速回收右小腿，回收时右脚向投掷方向转动60～70°角，滑步时，右脚保持一定的滑动距离，左脚要主动快落，落地位置正确。滑步时两腿的动作要迅速超越上体，形成适宜的超越器械姿势。

（2）持轻铅球滑步

教学实践中，在学生初步掌握徒手滑步技术后，可持轻铅球进行滑步练习，并逐渐增加铅球的重量。

要求：滑步过程中，应控制好铅球，保持身体的平衡，在滑步练习时注意做好超越器械动作。

（3）滑步推铅球

在基本掌握滑步技术的基础上，进行滑步推铅球练习。练习时，可先做徒手的完整动作模仿练习，然后持器械练习。推铅球练习时，可先在圈外进行，然后进入圈内进行练习。

要求：应把分解动作和完整动作练习有机地结合起来。

（四）改进和提高背向滑步推铅球的技术

1. 教学方法

（1）在圈内进行完整技术的练习。

（2）改进技术细节。

（3）根据个人特点，在练习时做到区别对待。

要求：在教学过程中，要组织学生相互观摩，采用对比分析的方法，培养学生对技术的理解和分析能力。

在教学过程中，对基本动作必须严格要求，防止片面追求成绩的倾向。

在改进和提高阶段，应多在圈内练习，要求学生按照比赛规则的规定进行。既要注意动作的完整连贯，又要注意技术的细节。

二、常见错误动作和纠正方法

（一）最后用力时手腕手指无拨球动作

1. 产生原因：推球时手指过于放松；手指、手腕力量较差；由于用力顺序不对，铅球下滑至手掌心。

2. 纠正方法：要求握球时手指有一定紧张程度；注意发展手指、手腕的力量；多用轻的铅球进行练习，体会拨球动作和适宜的拨球时机。

（二）推铅球时肘关节下降，形成抛球

1. 产生原因：持球臂过低，肘关节未抬起；滑步过程中或开始推球时，头部过早转向投掷方向或上体突然抬起，致使铅球离开颈部。

2. 纠正方法：滑步推铅球时，保持上体和头部不能过早抬起和转动。注意持球时手臂的正确位置，推球时右肘应在铅球的后下方。多做正面推铅球的练习。

（三）推铅球时没有充分发挥下肢和躯干的力量

1．产生原因：用力顺序不正确，投掷臂过早用力；滑步结束后或开始用力前，上体过早抬起或头部过早转向投掷方向，使用力前的预备姿势不正确。

2．纠正方法：做好原地背向推铅球姿势，教师在侧后方拉住学生的左手，或在前方抵住学生的左肩，让学生反复做蹬腿送髋、形成背弓的动作；预备姿势同上，学生左手拉住肋木或橡皮条做右腿的转蹬送髋动作。原地推铅球或徒手的模仿练习，强调利用下肢的蹬地和躯干的鞭打动作将铅球推出。

（四）滑步距离太短

1．产生原因：蹬地和摆腿力量不够；开始滑步时身体重心后移不够。

2．纠正方法：徒手和持球反复练习两腿的摆蹬动作和配合，要求加大摆腿的幅度和蹬地力量；连续做拉收右小腿的练习；在地面上画出两脚落地标志，要求学生滑步后落在标志上。

（五）滑步时身体重心起伏大

1．产生原因：蹬地或摆腿的方向过于向上。

2．纠正方法：滑步前身体重心先稍后移；左腿摆动时，要求触及后方（投掷方向）的标志物（标志物高度低于臀部）。

（六）送髋不充分，推铅球时人体后仰或下坐

1．产生原因：右腿蹬地无力，右髋及身体重心前移不到

位；最后用力时两脚距离过宽；上肢过早用力。

2. 纠正方法：徒手反复做蹬地送髋的练习。原地或滑步推轻铅球，当铅球出手时，要求右手触及前上方的标志物。

在地上按画好的两脚站立的宽度标记，做最后用力模仿练习。教师或同伴在身后用手推其右髋，帮助推髋到位，以加强本体感觉。

（七）最后用力时，身体左倒或过早向后转

1. 产生原因：左臂过分向左后方摆动，没有制动动作；左脚的位置过于偏左，形成两脚左右的间隔过大，造成左侧支撑不稳。

2. 纠正方法：最后用力时，由同伴在左侧顶住左肩，帮助制动，防止左肩侧倒或向后扭动，以加强本体感觉。

（八）滑步过程中不能做好超越器械动作

1. 产生原因：不明确超越器械动作的意义及要求；下肢的力量素质和协调性差。滑步时回收右腿较慢；滑步时左脚落地晚，左脚落地时上体过早抬起。

2. 纠正方法：用左手扶肋木或拉住同伴的手，做滑步练习，迫使右腿快速有力回收和左腿主动快落。

（九）滑步与最后用力衔接不好，动作停顿

1. 产生原因：左腿摆动过高，落地动作不积极；右腿力量弱，滑步时回收慢；右腿落地缓冲时间过长，不能及时发力；滑步结束时体重落在右脚跟上，不能及时蹬伸。

2. 纠正方法：徒手或持球滑步练习，强调滑步落地后右腿快速蹬地送髋；加强腿部力量训练，做各种跳跃练习，要

求脚着地后尽快跳起。

（十）推铅球时出手角度过低

1. 产生原因：左腿支撑无力或铅球出手时膝关节弯曲：推球时低头或向左后下方转动。

2. 纠正方法：在投掷前上方一定高度和远度处悬挂一标志物，要求推出的球触及标志物；推过一定高度和远度的横杆（横杆和标志物的高度和远度要根据学生的能力而定）。

三、教学注意事项

（一）推铅球教学应考虑儿童少年的身心生长发育规律，循序渐进地进行教学，采用的教学手段应由易到难。在开始教学的时候，应采用分解教学的方法，然后逐步过渡到完整技术教学。

（二）在教学中因地制宜，采用各种各样的器械进行练习，如采用小实心球、小铁球等多种器械进行推铅球的教学，以达到掌握技术、锻炼身体的目的。对于年龄较小的儿童，还可采用推小垒球的方法进行练习。练习使用器械的重量不应过重，以免引起学生受伤。

（三）将推铅球的教学和发展身体素质、提高健康水平结合起来。把投掷的练习和跑跳练习以及小力量练习结合起来，全面发展学生的身体素质。

（四）在进行投掷教学时，应加强安全教育，注意组织教法和练习的队形，避免伤害事故。

第三节　推铅球的训练

铅球是投掷项目中最重的器械之一。要培养出优秀运动员，取得优异成绩，首先是要进行科学的选材，并通过多年的系统训练，掌握合理的技术，具备良好的力量、爆发力、速度、协调等身体素质。因此，要了解铅球运动员的选材标准。进行训练时，要完成田径教学训练大纲中提出的不同年龄阶段青少年的训练任务，合理安排训练负荷，以提高训练的科学性，减少盲目性。

一、身体训练

（一）一般身体训练

铅球运动员的一般身体训练是以多种多样的练习方法，全面发展运动员的速度、力量、爆发力、柔韧性和协调性等身体素质，提高身体健康水平。根据练习者的年龄、训练年限和水平，以及各项素质发展的敏感期，应在训练中有计划地安排一般身体训练的内容，合理选择训练方法和手段，注意练习手段和技术之间的结合。训练水平低的应以全面身体训练为主，努力提高各种素质，打好基础，然后逐步加强专项素质和技术训练。一般身体训练的手段有各种跑的练习，跳跃练习，抛掷实心球的练习，越野跑，球类练习等。

（二）专项身体训练

专项身体训练是指与发展专项成绩关系密切的身体素质

的训练，如专项力量、爆发力、速度和专项的协调性等。

1. 力量和爆发力训练

推铅球属于速度力量性的投掷项目之一。要想取得较好成绩，除了要有完善的技术外，还要有良好的身体素质，其中力量和爆发力素质尤为重要。

推铅球属于全身用力的项目，身体各部位的主要肌肉群都参加工作，所以应该全面发展身体各部位的肌肉力量，特别是腿部的伸肌、背肌、肩带肌和上肢的肌肉力量。在训练中，不仅要重视发展大肌肉群力量，也要注意发展小肌肉群的力量。在少年时期进行力量训练时一定注意加强小肌肉群的力量训练。

推铅球时要求在很短的时间内发挥最大的力量，因此运动员应具备快速用力的能力即爆发力。总的来说，进行力量练习时，要求运动员在尽可能快的速度下完成。发展爆发力的方法很多。运动员可在保持动作速度的情况下增加负重练习的重量，或者是在保持一定练习重量的条件下提高练习的速度，或者两者同时增加，这对发展爆发力均有良好的效果。还可以进行各种跳跃练习和抛掷练习来发展爆发力。在选择发展爆发力的手段时，应结合推铅球技术的特点，在动作结构、用力顺序和用力方法等方面，尽量符合推铅球的动作要求。

发展力量和爆发力的练习应安排在全年中进行，并根据各时期特点有所侧重。准备时期的训练以一般力量为主，竞赛期以专项力量为主，即使在比赛期间，每周也应安排力量训练。

发展推铅球力量和爆发力训练的一般手段：

1. 负重半蹲、全蹲、负重半蹲跳。

2. 抓举、高翻、卧推、快挺等。

3. 负重仰卧起坐、山羊挺身、转体练习。

4. 各种姿势抛掷铅球、实心球、壶铃、杠铃片。

5. 用手指的俯卧撑。

6. 各种跳跃练习，如立定三级跳、多级跳、单足跳、跳深等。

7. 将各种力量练习和速度练习以及跳跃练习结合起来进行，可以起到较好的练习效果。

2. 速度训练

世界优秀铅球运动员推铅球时的出手速度可以达到 13～14 米/秒。因此发展运动员的动作速度和肌肉快速收缩能力十分重要，这是速度训练中要解决的主要问题。速度训练的安排一般是在准备期以发展运动员的速度素质及速度耐力为主，所采用的手段是短距离跑和各种跑的专门练习，从而提高跑速和跑的能力。在竞赛期是以发展运动员的动作速度为主，应多结合推铅球的动作结构和用力顺序，来提高铅球出手速度。

速度训练的一般手段：

1. 跑的专门练习，起跑和短距离加速跑（一般为 30～60 米）。

2. 各种跳跃练习、跨栏跑等。

3. 持轻杠铃快速挺举。

4. 肩负轻杠铃或其他重物，快速半蹲、负重蹲跳等。

5. 推轻铅球或其他轻器械。

二、技术训练

推铅球的技术主要由两大部分组成,即滑步和最后用力。

滑步能使人体和铅球获得预先速度，可以提高铅球的出手速度。在滑步过程中，形成良好的用力前预备姿势，为最后用力创造条件。在技术训练中要重视滑步动作，提高滑步的速度，使滑步和用力紧密衔接。为此，需要着重解决好滑步前身体的平衡及摆动和蹬地的力量、方向、角度及两腿动作的协调配合；快速拉收右腿和左脚主动快落；保持滑步中左臂和头的正确姿势和身体重心的位置等技术环节。

最后用力是推铅球技术的重点，滑步与最后用力的衔接是技术的关键。在最后用力时,应掌握好适宜的发力时机,运用合理的用力顺序，做好左侧支撑和用力的动作。

对于初学者来说，教师应运用合理的教法手段，使他们掌握正确的技术，在练习时应明确练习的要求，抓住主要的技术环节反复练习，打好基础。

对训练水平较高的人来说,应坚持进行系统的技术训练,在全年的各个时期都应安排技术训练的内容，并结合个人情况，改进薄弱的技术环节，不断完善技术。

进行技术训练还应和身体素质训练结合起来，只有具备良好的身体素质，才能为完成高质量的投掷技术动作提供有力保障。

技术训练的主要手段:

（一）徒手或持器械（壶铃、哑铃、各种重量的铅球)，成原地背向推铅球姿势，做右腿蹬地送髋的练习。要求掌握正确的用力顺序，体会肩髋轴交叉扭紧的感觉。

（二）原地正面推铅球。面对投掷方向，两脚前后开立，左脚在前，右脚在后，原地推铅球或其他重物。要求右腿蹬地向前送髋和左腿支撑用力的衔接，做好躯干的前振动作。

（三）徒手或持器械连续滑步。要求摆动腿和蹬地腿协调配合，滑步时保持上体姿势。

（四）徒手滑步接右腿蹬转送髋的练习。练习时上体尽量不抬起或转体，要求掌握滑步和最后用力的衔接动作，体会右腿正确的发力时机。

（五）原地推实心球、铅球、壶铃，纠正技术动作的细节。

（六）圈外、圈内滑步推不同重量的铅球。要求改进滑步与最后用力的衔接和完整动作的节奏。

（七）圈内背向滑步推铅球。强调完整推球动作的速度和节奏，完成一定的练习负荷。

三、训练注意事项

（一）抓好运动员的选材。选材的主要内容一是要求运动员具有良好的身体形态，目前世界优秀男子铅球运动员的身高通常在1.90米以上，女子运动员的身高通常在1.75米以上，体格健壮。二是在少年时期应表现出具有良好的爆发力素质，在推轻铅球时应表现出较高的出手速度和较好的成绩。

（二）注意掌握正确的技术。在开始学习推铅球技术时，首先应让学生了解正确技术的概念，运用合理的教法手段让学生掌握正确的技术。

（三）在少年儿童的训练中，应根据身体素质发展的敏感期抓好基础素质和关键素质的训练，如速度、弹跳、协调和爆发力的训练。在多年训练的安排中，应遵循循序渐进的原则，逐渐增加训练的负荷。

第十一章　掷标枪

掷标枪是田径运动中的投掷项目，也是现代奥运会的比赛项目之一。掷标枪时投掷者一手持枪，沿直线助跑后，充分发挥全身力量，以最快的出手速度，经肩上把标枪掷在扇形落地区内。掷标枪也是我国田径运动中水平较高的项目之一，我国男女运动员多次在亚运会和世界田径锦标赛中取得优异成绩，为祖国争得了荣誉。掷标枪也是适合不同年龄的男女学生进行锻炼身体的项目。为此，我国还设有少年组和青年组的比赛。在我国的学校体育中，推广与开展这个项目也受到重视。经常参加掷标枪的锻炼，能建立与掌握投掷的运动技能，促使肌肉力量增长和提高爆发力素质，同时还可以改善身体的柔韧性，并能进一步发展身体的协调性和灵敏性。

成年男子标枪的重量为800克，长度为2.60～2.70米，成年女子标枪的重量为600克，长度为2.20～2.30米。少年儿童使用的标枪重量较轻。

第一节　掷标枪技术

掷标枪的完整技术是一个连续过程，为了便于分析，将掷标枪技术分为握持标枪、助跑、最后用力和缓冲四个部分，并以右手掷标枪为例。

一、握枪和持枪

（一）握枪

常见的标枪握法有两种：

1. 现代式握法（拇指和中指握法）：将标枪斜放在掌心上，大拇指和中指握在缠绳把手末端第一圈上沿，食指自然弯曲斜放在枪身上，无名指和小指自然地握在缠绳把上（图十一1①）。

2. 普通式握法（拇指和食指握法）：用拇指、食指握在缠绳把手末端第一圈上沿，其余手指顺着食指握在缠绳把手上面（图十一1②）。

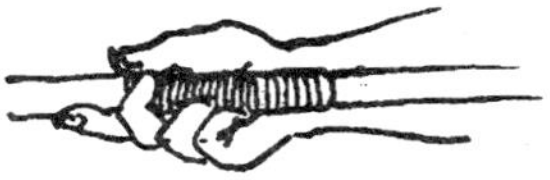

①

②

图十一1　标枪的握法

目前，标枪运动员多数采用现代式握法。其优点是中指长而有力，有利于增加用力的工作距离，发挥更大的力量，便于标枪出手时的鞭打动作和出手瞬间使标枪产生绕纵轴的旋转。

（二）持枪

常见的持枪方法有肩上持枪和肩下持枪两种。目前多数优秀运动员采用肩上持枪法，因为它便于发挥助跑速度，有利于控制标枪。

肩上持枪：持枪于右肩上方，持枪手在头侧耳朵附近，枪尖稍低于枪尾或枪身与地面平行（图十一 2）。

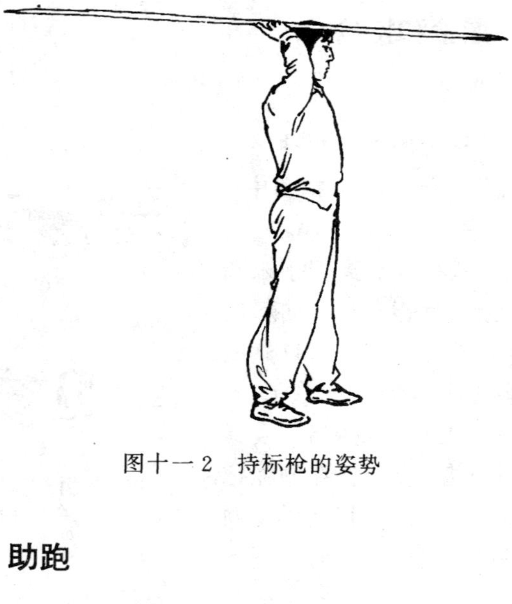

图十一 2　持标枪的姿势

二、助跑

助跑的目的是为了在最后用力之前获得预先速度，在投掷步阶段完成引枪和超越器械动作，为进入最后用力创造良好的条件。

掷标枪的助跑属于直线形式。助跑的距离虽然不受比赛规则的限制，但一般采用的助跑距离为 22～35 米（女子稍短一些）。

在较快的助跑速度下，为了有效地过渡到最后用力，不仅要求整个助跑过程动作自然、流畅、节奏鲜明，而且需要有很好的控制标枪的能力，使标枪在整个运行过程中保持平稳。

通常将助跑分为两个阶段：预跑和投掷步，下面分别进行分析。

（一）预跑阶段

预跑阶段在图十一 3 中是从第一标志线至第二标志线的距离。通常是左脚（白色脚印）踏第一标志线，迈右腿开始助跑，跑至第二标志线进入投掷步阶段。预跑阶段跑的动作属于周期性的动作，预跑的距离一般为 12～20 米，用 8～14 步完成。力量型的运动员通常的助跑速度稍慢，预跑的步数较少，而速度较好的运动员预跑的步数要多一些，以便于更好地发挥速度。

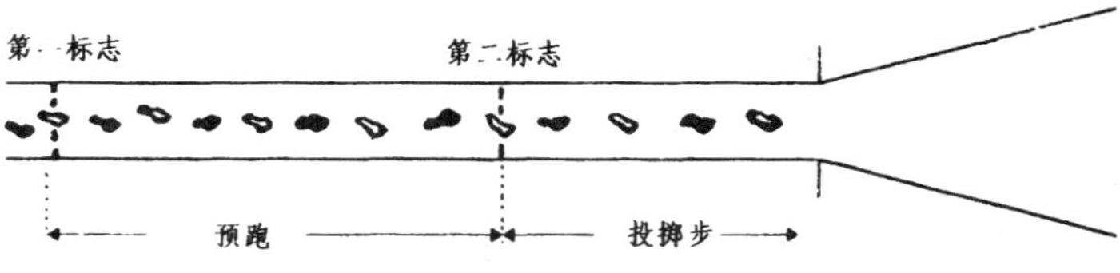

图十一 3　助跑阶段的划分和标志物的安放

预跑阶段的主要任务是使人体和标枪获得一定速度，为进入投掷步作好准备。助跑速度的快慢，应与运动员的技术熟练程度和身体训练水平适应。随着技术的改进和训练水平的提高，运动员应逐渐提高助跑的速度。

预跑阶段的动作应放松自然，上体保持与地面垂直的姿势，下肢动作基本上同平跑，但跑的动作要求富有弹性和节奏，注意逐渐加速和保持助跑的直线性，跑时两眼平视前方。

（二）投掷步阶段

投掷步阶段通常是从左脚踏上第二标志线迈右腿开始，至最后用力左脚落地时止。在这一阶段，要求在较高的跑速中完成引枪、交叉步和超越器械等动作，不停顿地过渡到最后用力。投掷步的主要任务，是尽量保持助跑已获得的速度，加快两腿的蹬摆动作，正确完成引枪、超越器械动作，为最后用力创造良好条件。

完成投掷步的形式有两种，即跳跃式投掷步和跑步式投掷步。现代标枪运动员通常多采用较平的跳跃式投掷步，它有利于两腿充分的蹬摆动作，完成引枪和超越器械。近年来，优秀运动员完成投掷步时，表现出低、平、快的特点，即身体重心的腾起高度较低、运动轨迹较平，充分发挥助跑的水平速度。

投掷步的步数一般是四或六步，也有采用五或七步的，当采用偶数步时，迈右腿开始，反之，迈左腿开始。下面介绍四步投掷步的技术。

第一步：左脚踏上第二标志线，右腿前摆，同时上体向右转，持枪臂向后引枪，左臂自然在胸前摆动，眼睛注视前方，髋部正对投掷方向（图十一 4①～③）。

第二步：右脚落地后积极蹬地，左腿前摆开始投掷步的第二步。此时上体继续向右转动，形成侧对投掷方向的姿势。持枪臂继续后引，在左脚落地时伸直完成引枪动作，引枪结束时，右手与右肩同高，枪尖靠近右眉（图十一 4⑤），标枪纵轴与髋轴和肩轴平行。在完成前两步动作中，上体基本与地面垂直。

第三步（俗称交叉步）是从左脚落地后右腿前迈开始的，左脚落地后，积极蹬伸，右腿以大腿带动小腿积极有力地向前方摆出，使下肢加速向前形成良好的超越器械姿势。右脚落地时，左腿应位于右脚的前方，以加快左脚落地的时间，（图十一 4⑥），这时身体的后倾角约为 20°～25°。

第四步是从助跑过渡到最后用力的衔接步。完成动作正确与否，将直接影响最后用力的效果。右脚落地后，右腿被动屈膝缓冲，当身体重心越过右脚支撑点上方时，右腿积极用力蹬地，推动髋部向前运动。左脚落地瞬间，应保持躯干的后倾角。

优秀男子运动员投掷步四步的步长一般是：第一步大，可达到 2 米，以便于完成引枪动作；第二步较大，通常为 1.8～2.0 米，为过渡到后两步打下良好的基础；第三步大，可达到 2～2.2 米，以便有时间做出良好的超越器械动作，为最后用力做好准备。第四步最小，通常为 1.4～1.6 米，以利于助跑和最后用力的衔接，做好左侧支撑动作。世界优秀运动员最后一步的时间通常为 0.18～0.20 秒。

投掷步阶段应尽量保持预跑段获得的速度，跑的节奏（步时和步频）各步也有所不同，通常第一、二步较快，第三步稍慢，第四步最快。

三、最后用力

投掷步的第三步着地后，身体继续向前运动，在身体重心越过了右腿支撑点上方时（左脚还未着地），右腿积极蹬伸用力。左脚着地时，左腿做出有力的制动动作，可加快上体

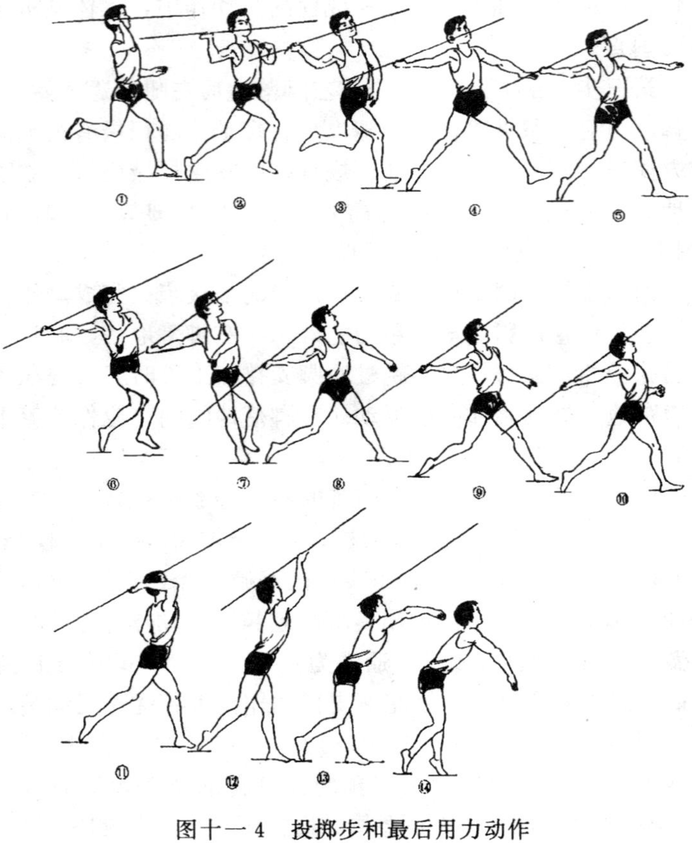

图十一4 投掷步和最后用力动作

向前的运动速度。右腿的继续蹬地，推动右髋加速向投掷方向运动，使髋轴超过肩轴，并牵引着肩轴向投掷方向转动，在肩轴向投掷方向转动的同时，投掷臂快速向上翻转，使上体转为正对投掷方向，形成“满弓”姿势。此时投掷臂处于身后，与肩同高，与躯干几乎成直角。

形成“满弓”后，胸部继续向前，将投掷臂最大限度地留在身后，右肩部的肌肉极度伸展（图十一 4⑩）。由于向前惯性力的作用，左腿被迫曲膝，但随即做迅速有力的充分蹬伸，同时以胸部和右肩带动投掷臂向前做爆发性“鞭打”动作，并使用力的方向通过标枪纵轴。图十一 5 是掷标枪时身体各环节和标枪的速度变化，它反映了身体各部位自下而上的用力顺序和相互的衔接。

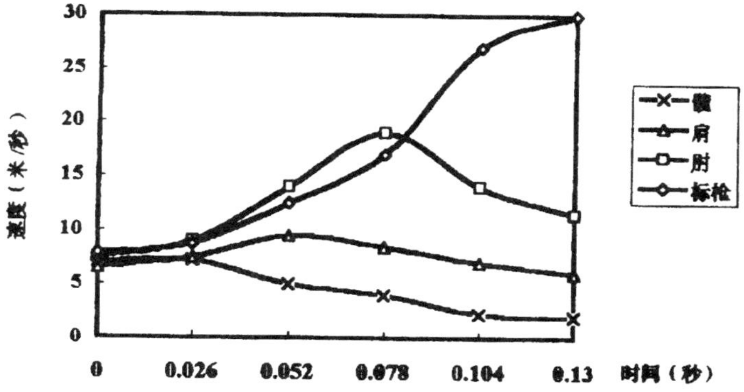

图十一 5 最后一步落地至标枪出手期间身体各环节的速度
（德国米歇尔，成绩 89 米 14）

四、标枪出手后的身体平衡

标枪出手后的身体平衡，是全过程的结束动作，能否维持好平衡关系到投掷的成绩是否有效。标枪出手后，右脚应及时向前跨出一大步，身体稍向左转，降低重心，以保持平衡。为了保证最后用力时运动员可以大胆向前做动作而又不犯规，最后一步左脚落地至投掷弧的距离应在 2 米左右。

五、影响标枪飞行远度的因素

（一）出手速度

在影响标枪飞行远度的各因素中，出手速度是最重要的因素，在图十一 6 中显示的是国产飞鹿男子标枪在出手角度为 34°时出手速度与标枪飞行远度的关系。从图中可见，当出手速度增加时，标枪的飞行远度也随之增加。为此，在训练中应努力提高身体素质水平，改进技术，力求提高出手速度，这也是提高投掷成绩的唯一途径。

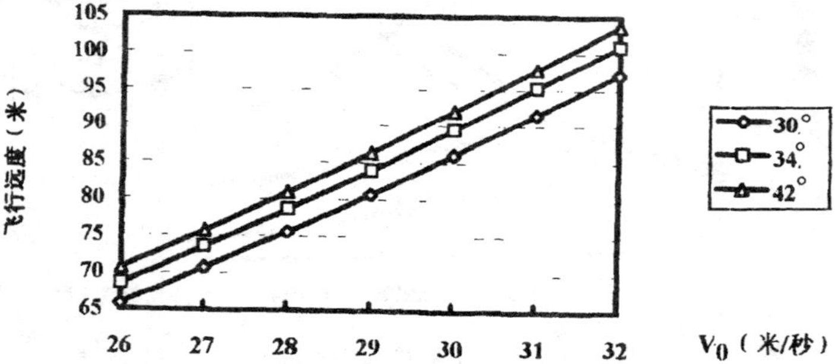

图十一 6　标枪的出手速度与飞行速度的关系

（二）出手角度

出手角度的变化对于标枪的飞行远度也会产生较大影响。根据目前的研究结果，在实际投掷时，男子标枪运动员的最佳出手角度为 34°。女子标枪运动员的最佳出手角度为 30°～34°。图十一 7 是女子标枪运动员的实际最佳出手角度。

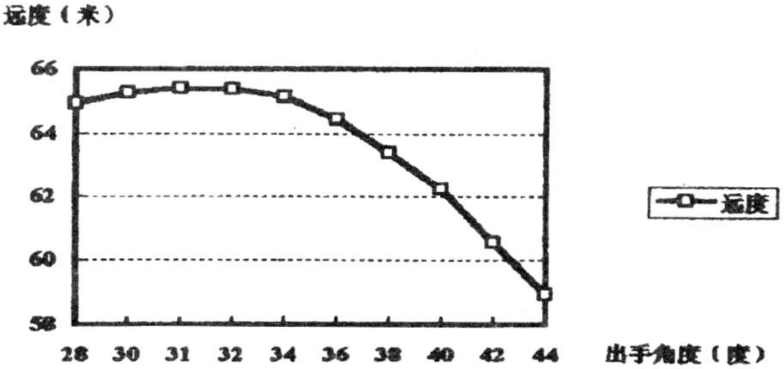

图十一7　女子标枪运动员的最佳出手角度
（SANDVIK 女子 60 米标枪）

（三）其他因素

在实际投掷时，还有其他一些重要因素会影响标枪的飞行远度，如初始迎角，初始俯仰角速度，偏航角，标枪飞行时的振动等，这些因素与用力方向偏离标枪纵轴有关。因此，使“用力的方向通过标枪纵轴”是一种行之有效的投掷技术。由于上述因素较为复杂，在此不再进行深入分析。

第二节　掷标枪的教学

掷标枪教学中，最后用力的技术以及助跑和用力的衔接是教学重点，特别是鞭打动作和用力通过标枪纵轴的技术，在各个教学阶段应予突出，同时还要注意将分解技术和完整技术的教学相结合，以保证技术的完整性。

一、教学步骤和方法

（一）使学生对掷标枪技术有初步了解

1. 教学方法

（1）简介掷标枪的比赛规则、场地和器材。

（2）简介掷标枪的技术，观看技术图片、录像、教师讲解和示范。

2. 教学要求

（1）对学生进行安全教育，提出具体要求，采取有效措施。

（2）示范动作正确，注意学生练习队形和位置。

（二）学习标枪的握、持方法

教学方法

（1）学习握枪方法

右手握住标枪缠绳把手，拇指和中指对扣在把手的后端末圈。

（2）学习肩上持枪法

持枪时，将标枪置于肩上，靠近头部，标枪与地面平行，持枪臂放松自然。

（三）学习原地和上步掷标枪技术

教学方法

（1）原地正面插枪（图十一 8）

两脚前后开立，右手持枪，枪尖低于枪尾，尽量将标枪置于头后，将标枪向前下方约 6～8 米处掷出，并尽量使枪尖插在地上。

要求：两腿充分蹬伸，以胸带臂做好鞭打动作。用力方向通过标枪纵轴，标枪飞向正前下方。

图十一 8　原地正面插枪

（2）原地侧面插枪

预备姿势为两腿前后开立，左腿靠近右腿，体重放在右腿上，身体侧对投掷方向，投掷臂向后伸直，标枪指向前下方。用力时左腿向前迈一步，翻肩转体，利用两腿蹬地和振胸的力量，以胸带臂将标枪向前下方 8～10 米处掷出，标枪落地时最好能插在地上。

要求：做好翻肩的动作，掌握自下而上的正确用力顺序和鞭打动作。

（3）原地侧向投枪（图十一 9①～③）

预备姿势为两腿前后开立，左腿靠近右腿，身体侧对投掷方向，投掷臂向后伸直，标枪指向前上方。用力时左腿向前迈一步，翻肩转体，利用两腿蹬地和振胸的力量，以胸带臂做好鞭打动作将枪向前上方掷出，出手角度应为 30～34°（图十一 9②③）。

图 十一 9①

图 十一 9②

图十一 9③ 原地侧向投枪

(4) 鞭打动作的模仿练习

预备动作和用力顺序与原地侧向投枪相同，右手持小树枝，然后快速向前上方的标志物做鞭打动作，鞭打时应发出响声。

(5) 翻肩成“满弓”的练习（图十一 10）

身体侧对投掷方向，右脚在前，左脚在后，上体后倾，右膝弯曲，持枪臂向后伸直，左手握住标枪的枪头。用力时，左腿向前迈一步，右腿蹬转，向前送髋，右臂转肩翻肘至肩上，上体转成正对投掷方向，成“满弓”姿势。

要求：预备姿势时标枪尖位于前额附近，用力时积极蹬

图十一10　翻肩成“满弓”姿势

伸右腿，形成髋关节在前，肩在后的满弓的姿势，翻肩后要使标枪保持正确的角度和方向。

（6）上步掷标枪

预备姿势同原地侧向掷标枪。上步的步数通常为 3～6 步，上步后将标枪掷出。

要求：上步时两腿积极用力蹬摆，获得向前的速度，左臂在体侧前后协调摆动，上体不要主动后倒，在倒数第二步依靠下肢积极向前做超越器械动作，上步动作和最后用力连贯，用力顺序正确，控制好标枪，用力方向通过标枪的纵轴。

（四）学习投掷步技术

教学方法

（1）原地引枪（图十一 11）

面对投掷方向，左脚在前，右脚在后，肩上持枪。引枪时，上体向右转，同时投掷臂向后伸，沿标枪纵轴延长线向后引枪。

（2）走步引枪

面对投掷方向，左脚在前，右脚在后，肩上持枪。迈右腿时上体向右转，投掷臂向后水平地引枪，迈左腿时投掷臂伸直，完成引枪时身体侧对投掷方向。

（3）慢跑中引枪

预跑若干步，然后用两步完成引枪，动作要自然连贯，与下肢协调配合。

（4）引枪接交叉步

持枪或小树枝做引枪接交叉步的走步练习，然后跑步做此练习。

（5）持枪做连续交叉步跑

身体侧对投掷方向，两脚前后开立，右臂持枪后引，两眼注视投掷方向，然后两腿有力蹬摆向投掷方向迈进。

要求：强调左腿蹬伸与右腿前摆要协调用力；在倒数第二个交叉步做出器械超越动作，上体不要主动后倒。

（6）投掷步投枪

图十一11　原地引枪

面对投掷方向站立，跑两步完成引枪，然后接交叉步和最后用力，将标枪掷出。

要求：交叉步与最后用力动作连贯；注意动作的节奏。

（五）学习全程助跑掷标枪技术

1．教学方法

（1）持枪跑。

（2）持枪跑接投掷步。

（3）短或中程助跑掷标枪或小垒球。

（4）全程助跑掷标枪。

2．教学要求

（1）持枪助跑或全程助跑掷枪，先在慢速助跑中进行，然后逐渐加快助跑的速度。

（2）在练习助跑投掷时，应特别强调动作的连贯性和节奏。从预跑、投掷步至标枪出手，动作要连贯。

（3）全程助跑投掷前，应先丈量步点，确定助跑距离，反复练习，达到基本稳定。

（4）助跑与投掷动作要协调配合，不要急于投远，防止影响正确完成动作。

（六）改进和完善技术

1．教学方法

（1）在正式场地上全程助跑投枪。

（2）针对个人在技术上存在的错误，选用不同方法，改进和完善技术。

2．教学要求

（1）在学生掌握助跑投掷的基础上，介绍不同形式的投掷步、引枪动作，根据学生特点，选择适宜的投掷技术。

（2）要及时指出学生在技术上存在的错误，提出纠正的方法。

（3）分组练习时，应将教学重点放在完成动作的质量和培养学生分析技术、发现和纠正错误动作的能力方面。

二、常见错误动作和纠正方法

（一）没有翻肩和鞭打动作

1. 产生原因：肩关节灵活性差，投枪时上体过早前移，没有及时翻肩，翻肩转体时标枪离开身体过远。

2. 纠正方法：

（1）多做发展肩关节柔韧性的专门练习。

（2）用橡皮条做翻肩转体成满弓的练习。

（3）持小树枝做鞭打练习。

（二）投掷步明显减速，助跑与用力衔接不好

1. 产生原因

（1）预跑阶段速度过快，增加了投掷步的难度，以致最后用力前被迫降低第三、四步的速度。

（2）引枪时上体主动后倒，后倾幅度过大。

（3）第三步（交叉步）腾空过高，影响向前的水平速度。

（4）交叉步落地时左脚尚在右脚后方，左脚落地速度慢，时间长。

（5）交叉步右脚落地后，右腿不能及时发力。

2. 纠正方法

（1）调整预跑阶段的速度。

（2）多做慢跑和加速跑中引枪，保持上体正直。

（3）反复练习投掷步的第三、四步动作，强调动作节奏。在第三步右脚着地前左腿要积极向前迈出。

（4）做右腿的蹬转用力的模仿练习和各种跳跃练习。

（三）最后用力时左腿的蹬伸不充分，臀部下坐

1. 产生原因

（1）右腿蹬地无力。

（2）投掷步的最后一步过大，在很大的向前惯性力和重力作用下左腿不能及时蹬伸。

（3）左腿力量较差。

2. 纠正方法

（1）多做上步投掷的练习，强调两腿用力的衔接。

（2）设定标志练习，在跑道上画好第三、四步规定的距离标志，严格按标志做。

（3）加强下肢力量的训练，强调左腿在最后用力时积极蹬伸。

（四）掷标枪时，用力不能通过标枪纵轴

1. 产生原因

（1）握枪方法不正确。

（2）引枪时，持枪臂的手过低，翻肩和“满弓”时标枪的仰角过大或与前臂的夹角过大。

（3）翻肩时，肘关节位置低于肩，用力时向下拉枪。

（4）标枪出手的时间过晚。

2. 纠正方法

（1）改进握枪方法。

（2）引枪、交叉步和翻肩时注意控制标枪的角度和位置。

（3）多做正面和侧向的插枪练习。

（五）用力顺序不对

1. 产生原因

（1）对正确用力顺序的概念不清楚。

（2）右腿发力不及时，上体过早前移，没有形成满弓姿势。

2. 纠正方法

（1）采用持器械的专门练习，如单双手投掷实心球、沙袋等，体会正确用力顺序。

（2）多做上步掷标枪练习。

（3）成投掷前的预备姿势，右臂后伸拉住橡皮条，反复做最后用力的右腿蹬伸送髋动作。

三、教学注意事项

（一）掷标枪可以发展身体各部位的肌肉力量、爆发力、速度、协调性和柔韧性等身体素质。将来从事中小学体育工作必须掌握这项投掷技术及其教法。

（二）小学低年级学生可采用各种投掷物掷远（垒球、木棒、沙袋等）。

（三）持轻物向有标志的方向掷远。如垂直的标靶、墙上画的标记，或地面上放的水平靶、画的标记等。

（四）小学高年级学生可使用轻标枪进行技术教学。

（五）在技术教学过程中要多选择一些辅助练习，同发展学生的力量素质结合起来。

（六）教法要多样化，使学生不感到枯燥单调，吸引他们集中注意力，认真练习。

（七）教学时，要注意加强安全措施，做好组织工作，避免发生伤害事故。

第三节　掷标枪的训练

根据掷标枪的技术特点，运动员必须具备良好的速度、弹跳、爆发力、柔韧性和力量等身体素质，而最重要的是具备快速力量即爆发力、高度的动作协调和灵活性，以及髋、腰、胸、肩等部位的柔韧性等素质。

标枪运动员的训练应在不断地发展一般身体素质的基础上，重点抓好专项技术和专项素质的训练。同时应注意对运动员进行心理上的训练与意志品质的培养。

一、身体训练

（一）一般身体训练

标枪运动员的一般身体训练任务，是全面地发展身体各部位的肌肉力量，改善各关节的灵活性，发展一般耐力，提高心血管系统能力，提高速度素质、灵敏和协调技能。通过一般身体训练，可以培养运动员完成投掷标枪动作所需要的多种技能，并为掌握标枪技术打下良好的基础。

标枪运动员的一般身体训练内容是多种多样的。但必须反映专项的特点，通常采用的手段：各种跑的练习、跨栏、推铅球及各种跳跃等。球类有排球、手球、篮球。各种器械体操与徒手操、活动性游戏、垒球掷准和投掷实心球等。

（二）专项身体训练

专项身体训练的任务，是发展标枪运动员投掷时的腿、躯干、肩、臂、手部肌群的力量和收缩速度，改善髋、脊柱、肩关节的灵活性、柔韧性，发展专门耐久力和掌握动作放松的能力，以便更好地掌握投掷技术和提高专项成绩。

标枪运动员的专项身体训练内容，应在一般身体训练的基础上进行。要重点进行发展速度力量、专项速度和柔韧性的训练。

1. 力量和爆发力训练

掷标枪是轻器械的投掷项目，运动员除进行一般力量的训练，同时还要进行速度力量和专门力量的训练，特别是爆发力的训练。

在训练中应根据运动员的年龄及训练水平，多采用轻、重器械结合的方法。大重量的力量练习在少年运动员中不宜使用，因为负荷强度过大的力量训练常常是在降低动作速度下完成的，而且动作幅度一般较小，这和掷标枪的用力有一定的矛盾。因此，要合理安排力量和爆发力训练，可以广泛地采用各种器械，如实心球、小铁球、沙袋、哑铃、杠铃和器械体操练习等，这是发展专项力量和投掷能力的有效方法，这些练习应尽量使用最快的速度并在符合掷标枪的技术结构情况下完成。

训练手段：

1. 用轻杠铃抓举、挺举、快速挺举，负重物转体、体前屈等练习。

2. 坐姿或仰卧双手头后拉举轻杠铃。

3. 单臂或双臂做原地、上步向前掷实心球、小铁球或其他器械等练习（图十一 12）。

图十一 12　单手投小球和双手投实心球

4. 跪姿单臂或双臂掷实心球。

5. 立定跳远、立定三级跳远、多级跨步跳、单足跳、跳深、跳栏架等。

6. 双手持重物做腰绕环等练习。

7. 原地、上步及短助跑投掷不同重量的标枪。

2. 速度训练

速度是掷标枪所需要的主要素质之一，是标枪运动员训练中的重要内容。在多年的系统训练中，均应围绕这个方面进行，在投掷标枪中，不仅需要快速的平跑速度，还要求有非常快的动作速度。

运动员的动作速度不仅与力量、协调性相关，还与正确的投掷技术密切相关。为此，在发展动作速度时，必须注意结合改进投掷技术进行。

发展速度的一般手段可采用：跑的专门练习、短距离的起跑和行进间跑、持枪跑和持枪交叉步跑。在较快的助跑速度中投掷垒球、小石块及其他器械等。

3. 柔韧性训练

柔韧性与灵活性是保证标枪运动员以较大幅度完成投掷技术的重要保证。

影响柔韧性的因素主要是关节的韧带和肌群的伸展性，因此在训练中应多采用与投掷标枪有关的伸展练习。

①

掷标枪训练中，可采用静力性的柔韧性练习，但不宜过多，要结合快速的伸展和拉长练习。

柔韧性练习多在早操和训练的开始部分进行，要循序渐进，切不可过急，否则易造成肌肉、肌腱和韧带受伤。

发展柔韧性的一般练习：

图十一13

1. 双手握肋木压肩、转肩的练习。

2. 背靠肋木，做蹬地送髋成背弓的练习（图十一13）。

3. 双手以适当距离握住标枪或木棍，做前后、左右肩绕环的练习。

4. 在体操垫上做“背桥”或前手翻练习。

5. 双手肩上持重物做体前后、侧屈和转体。

二、技术训练

掷标枪的技术训练应突出主要技术环节，重视基本技术，这对初学者更为重要，即使是高水平运动员，也不可忽视基本技术的训练，同时还应根据个人的实际情况，抓好薄弱技术环节的训练。在技术训练中，一般应抓好以下技术环节：

第一，最后用力（正确的用力顺序和鞭打动作，沿标枪纵轴用力）。

第二，投掷步（各步步长合理、引枪平稳、四步节奏积极、交叉步低、平、快）。

第三，助跑和最后用力紧密结合。

掌握掷标枪的合理技术，必须进行系统训练，在全年的各个时期应把基本技术和完整技术训练有机结合起来。

技术训练中经常采用的手段：

（一）插枪和原地掷标枪练习。

（二）上步掷标枪。

（三）交叉步练习。

（四）投掷步掷标枪。

（五）持枪助跑或结合引枪和交叉步。

（六）短程助跑投掷。

（七）全程助跑投掷。

（八）各种投掷的专门练习和模仿练习。

三、训练注意事项

在少年儿童的训练中，应注意抓好各项关键身体素质发展的敏感期及时进行训练，如应尽早对少年儿童进行柔韧性、灵活性、动作速度的训练。

在训练中应合理安排各项训练内容。少年儿童每周可训练 3～4 次，每次 1.5～2 小时。下面是一个每周四次训练的计划。

周一：技术，力量和速度训练

周二：专项力量，跳跃和柔韧训练

周四：技术，速度训练

周五：球类，力量和跳跃训练

少年儿童学习掷标枪，必须在全面发展身体的基础上，进行系统有计划的训练，为以后取得优异成绩创造良好条件。训练任务是：全面发展身体素质，提高健康水平，促进身体正常发育，培养练习投掷的兴趣和爱好，为专项训练创造必要条件。这时期的训练内容及主要手段应以全面身体素质为主，但必须重视发展快速力量和动作的速度等专项素质的训练。在安排训练时，应注意将发展速度素质与完成动作的协调性和爆发力相结合，把发展爆发力作为训练的中心贯彻训练的始终。在多年训练的安排中，应遵循循序渐进的原则，逐渐增加训练的负荷，可使青少年的成绩得到稳步发展。

第十二章　其他田径项目介绍

第一节　竞走

竞走的技术是在普通走步的基础上发展而来的。练习竞走能发展人的腿部肌肉力量，增强血液循环系统和呼吸系统的机能，尤其是能培养吃苦耐劳、不怕困难、勇敢顽强等意志品质。竞走项目有：田径场地竞走男子 10000 米、20000 米；女子 5000 米、10000 米；少年男子 5000 米、10000 米；少年女子 3000 米、5000 米。公路竞走有男子 20 公里、50 公里；女子 10 公里、20 公里。

我国竞走项目发展水平较高，特别是女子项目发展更快，多次在世界杯竞走比赛中获团体冠军和个人冠军。优秀女子竞走运动员陈跃玲在第 25 届奥运会上获女子 10 公里竞走金牌。从而实现了我国田径项目在奥运会上金牌零的突破。

一、竞走的定义

竞走与普通的行走有所不同，按国际田联的规定，“竞走是运动员与地面保持接触、连续向前迈进的过程，没有（人眼）可见的腾空。前腿从触地瞬间至垂直部位应该伸直（即膝关节不得弯曲）”。竞走时动作协调自然，有节奏感，摆臂协调有力，步频快，步幅大，脚跟先着地，支撑腿后蹬迅速而有力，骨盆主要沿着身体垂直轴转动，身体行进比较平稳。

二、竞走的技术特点

竞走的技术是由身体各部分的协调动作形成的，主要有脚的着地点和着地的方法，膝、髋、躯干和两肩、两臂的动作。

（一）上体姿势

竞走时，上体姿势正直，眼看前方，颈部肌肉放松。

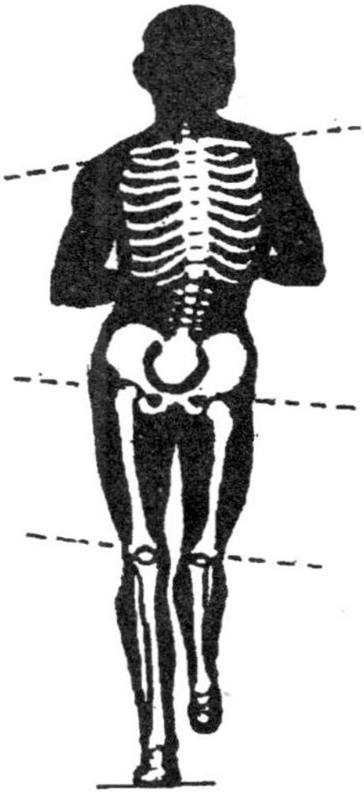

图 十二1

（二）两腿动作

两腿是竞走技术中的主要部分。当身体处于垂直部位时，支撑腿完全伸直，全脚掌着地，此时摆动腿曲膝向前摆动，其膝关节略低于支撑腿的膝关节。骨盆额状轴稍向摆动腿方向倾斜（图十二 1）。

当身体重心前移超过支撑点的垂直部位时，支撑腿开始后蹬。支撑腿蹬离地面后，大小腿自然弯曲（图十二 2⑧），屈膝前向摆动，髋部放松，大腿不要高抬，应使脚掌稍离地面向前摆动。使大腿向前方带动骨盆沿垂直轴向前转动，髋关节积极前移。在摆动快要结束、摆动腿的脚即将着地进入双支撑的一瞬间，膝关节自然伸直，并以脚跟着地。此时支撑腿踝关节充分蹬伸，用前脚掌蹬地，形成了竞走的双脚支撑姿势（图十二 2⑥）。当摆动腿的脚跟着地时，后蹬腿的脚掌立即蹬离地面，结束后蹬动作。

（三）双臂的动作

双臂的摆动应轻松、自然而有力，上臂和前臂约成 90°角。两臂摆动时，肩关节放松，摆臂与两腿的动作协调配合，沿着身体的垂直轴转动，以维持身体平衡（图十二 2）。

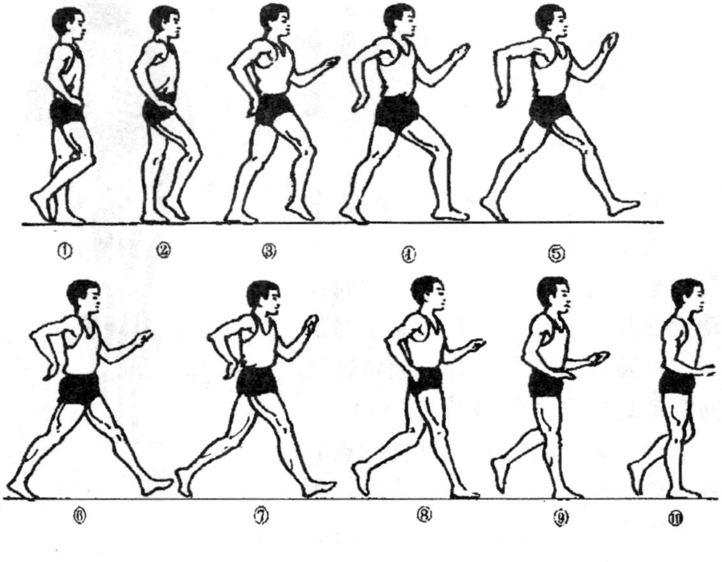

图十二 2　竞走的技术动作

第二节　马拉松跑

一、发展概况

（一）马拉松跑的来历

据记载，公元前490年波斯入侵希腊，希腊军队在首都雅典以东一个叫马拉松的小镇迎战，结果打败了侵略者。为了把胜利的消息迅速传到首都雅典，就派了一名叫菲迪皮茨的士兵从马拉松镇跑到雅典去报捷。当他跑到首都雅典中央广场的时候已经精疲力竭，在传达了胜利消息之后，便倒地身亡。

为了纪念这位爱国的希腊战士，1896年在雅典举行的第一届现代奥运会上，设立了从马拉松镇到雅典的长跑项目。以后在各地召开的奥运会都举行与此距离相近似的马拉松跑比赛。

（二）马拉松跑的距离

马拉松跑的距离为42195米。在最初的几届奥运会上，马拉松的距离不尽相同。直到1924年的第8届奥运会上，国际田联才将马拉松的距离正式定为42195米，并一直沿用至今。

（三）发展的概况

从奥运会设立马拉松跑以来，这项运动发展很快，参加的人数也很多。特别是在70年代以后女子参加了此项目的比赛。更促使了马拉松的发展。1979年10月在纽约国际马拉松赛会上有 14151 人参加了比赛。其壮观的场面令人赞叹！在这次马拉松赛中，挪威女运动员格·韦茨以 2 小时 27 分 33 秒的优异成绩跑完了全程。1979 年 11 月在日本举办了有 9 个国家 50 名运动员参加的第 1 届东京国际女子马拉松赛以后，女子不适宜跑马拉松的看法得到了根本的改变。1980 年国际田联确认女子马拉松跑为正式比赛项目。国际奥委会也决定从 1984 年第 23 届奥运会起增设女子马拉松跑比赛项目。从而又进一步推动了此项运动的发展。

目前，马拉松跑不仅是国际大型运动会的比赛项目，而且每年还有 80 多个国家和地区举行国际马拉松比赛。我国自 1981 年起举办北京国际马拉松比赛，也被国际田联批准为世界正式比赛，列入国际比赛的日程。我国也有一大批男、女马拉松运动员达到了世界水平。1988 年在汉城举行的第 24 届奥运会上，我国女运动员赵友凤获第 5 名。长跑名将王军霞也曾在北京国际马拉松赛中获得过第 1 名。

二、马拉松跑的技术特点

马拉松跑的技术和长跑技术大致相似。但由于距离长，并且在地形变化的公路上进行，因此有其不同的特点。跑时动作要放松，尽量减少不必要的能量消耗。

在平坦的公路上跑时，后蹬用力要小，大腿前摆不易过高，身体重心平稳，腾空时间较短，步频要快，步幅不宜过大。

在上坡跑时，上体前倾要大，步幅缩短，步频加快，两臂积极摆动，脚着地点几乎在身体重心投影点下方。沿下坡跑时，与此相反。总之在一定步幅的前提下加快跑的步频是当今马拉松跑技术发展的趋向，现在世界一流水平的运动员，平均步频可达到 200 步/分钟左右。

第三节　障碍跑

一、障碍跑的特点

障碍跑是长跑与跨越障碍相结合的运动项目。目前设有3000米障碍跑和少年甲组2000米障碍跑。3000米障碍跑每圈设有5个障碍栏架，其中一个栏架设在水池边上。全程要跨过35次障碍、7次水池。2000米障碍跑全程要跨过23次障碍，其中5次要越过水池。障碍跑时不仅要求运动员具有长跑的能力，还要求掌握正确的跨越障碍和水池的技术。

二、障碍跑的技术

（一）跨栏法

男子障碍栏架高度为91.4厘米，女子为76.2厘米，栏架长度为3.96米。由于栏架较重，不会被碰倒，这就决定了跨越障碍栏架的动作和跨栏有所不同。由于途中跑速较400米栏跑低得多，因而跨越障碍栏架的动作幅度较小、速度较慢。

跑到栏前的后几步时要适当调整步长或稍稍加快速度，用有力的腿起跨（有时也要掌握用另一条腿起跨过栏的技术），起跨点至栏架的距离约为1.50～1.70米。起跨时，摆动腿屈腿摆动，大小腿折叠，大腿抬起，蹬地角度较大，上体前倾不大，身体腾起较高，过栏后摆动腿微曲，用前脚掌在栏后1.10～1.20米处着地，起跨腿屈膝近似平直地向前提拉，转入自然跑进，动作自然柔和（图十二3）。

图十二 3

图十二 4

（二）跳上跳下法

这种方法是用一只脚踏上栏架后再蹬离栏架跳下后继续跑进。起跳点距栏架约 1.2 米，一腿蹬地跃起，上体前倾，另一腿屈膝前摆用脚迅速踏上栏架横木，随着身体重心前移，支撑腿膝关节弯曲，提踵跪膝降低重心，当身体重心移过垂直部位时，及时蹬离栏架，用起跨腿在栏后 1～1.3 米处着地（图十二 4）。这种方法容易掌握，也比较省力，但过栏速度较慢。

（三）跨越水池的技术

跨越水池是障碍跑中最难的一个技术环节。当跑到水池边栏架前的最后四五步时，要根据自己的目测调整好步伐并稍许加速，保持较高的身体重心和向前的速度积极起跨，蹬离地面后用摆动腿脚掌迅速踏上栏架横木，随着身体重心的前移，支撑腿迅猛地蹬离栏架，完成一个大的跨步，注意两臂协调配合进行摆动，维持好身体平衡。落地时起跨腿伸展，膝关节做好落地准备，尽量用前脚掌在水浅处着地，落地后另一腿加快前摆迅速跑出水池（图十二 5）。

第四节　三级跳远

三级跳远是在助跑后按规定动作形式沿直线连续进行三次跳跃的一项运动。这项运动的技术比较复杂，对身体素质的要求较高，跳跃时身体的躯干和下肢均要承受很大的力量。三级跳远的第一跳用起跳脚落地，称单脚跳，接着由起跳脚

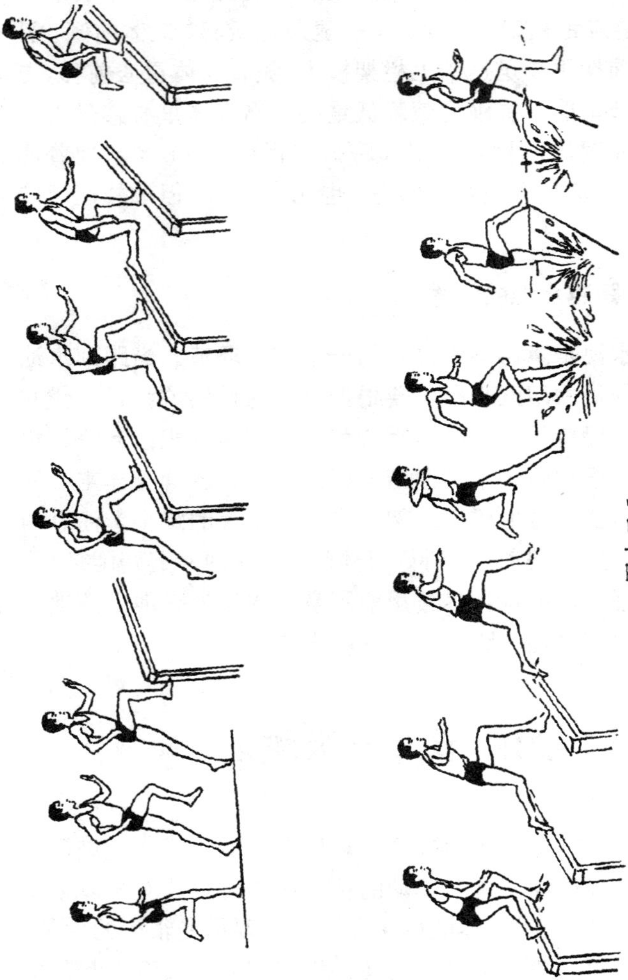

图十二 5

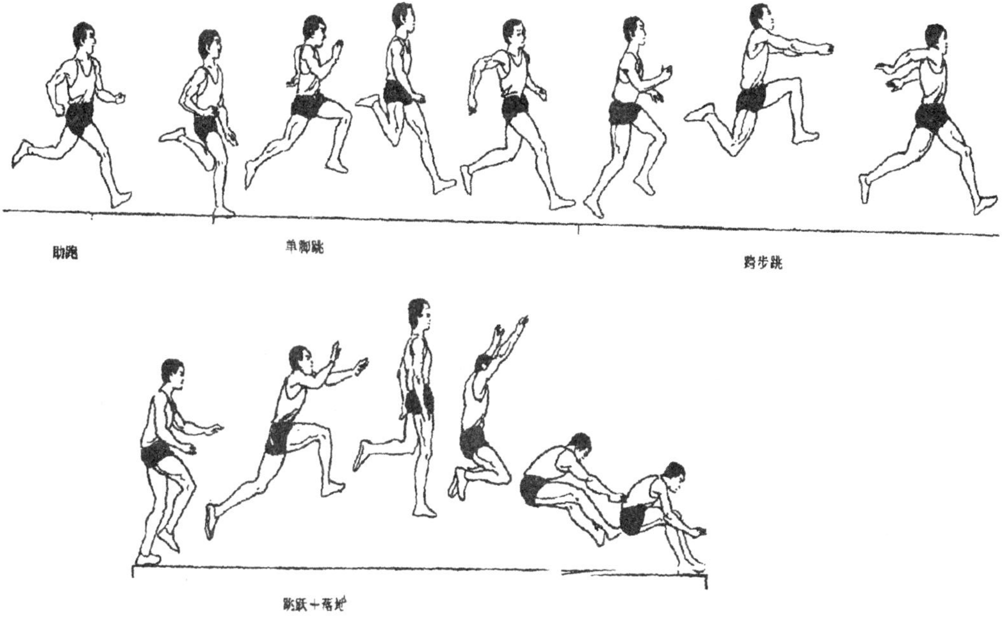

图十二6　三级跳远的技术动作

再次蹬地起跳，用摆动腿落地完成第二跳，称跨步跳，最后用第二跳落地脚起跳，以双脚落入沙坑，完成第三跳，称为跳跃（图十二 6）。

一、三级跳远的技术

（一）助跑

优秀三级跳远运动员的助跑距离为 35～43 米，通常跑 19～22 步，一般运动员为 30～36 米，跑 15～18 步。助跑的起动姿势、加速方式以及标志的使用基本和跳远相同。三级跳远助跑时要求最后几步的步长基本不变，加快步频，保持已获得的水平速度，身体重心运行平稳。在踏板时，起跳腿几乎伸直，用全脚掌积极快速有力地踏板，躯干保持较小的前倾，这有助于在单足跳中保持较大的向前水平速度。

（二）第一跳（单足跳）

起跳时腾起角为 14～16°。通过摆臂、摆腿来配合起跳腿的蹬伸，起跳结束时，支撑腿要充分伸展，摆动腿积极地向前上方摆起。腾空开始时运动员做出腾空步，然后完成交换腿的动作，即摆动腿后摆，起跳腿积极前迈，交换腿的目的是为积极落地和为第二次起跳做准备。起跳腿应积极下压完成扒地动作，落地点接近身体重心投影点，同时髋关节主动向前，使身体重心加速移过支撑点。

在第一跳中两臂摆动采用前后摆动，在后两跳中采用两臂平行摆动。

（三）第二跳（跨步跳）

在第一跳空中换步之后，起跳腿落地时，支撑腿的负荷急剧增加，起跳腿要屈膝进行缓冲，当身体重心向前移至垂直支撑部位的瞬间，起跳腿迅速有力地蹬伸进行起跳。

起跳后，人体在空中形成跨步姿势，摆动腿屈膝在前，起跳腿在后，两大腿保持较大夹角，身体稍前倾，摆动腿自然前伸，大腿积极下压，用全脚掌做积极有力的扒地式动作，其着地点位于身体重心投影点之前，当摆动腿着地的时候，上体保持正直，维持身体平衡。第二跳是三跳中距离最短、重心抛物线最低的一跳。

（四）第三跳（跳跃）

在前两次跳跃之后，第三跳要充分利用剩余的水平速度，尽可能获得较大的腾起初速度。第三跳是由摆动腿完成起跳，所以，起跳时双臂和另一腿积极摆动，配合蹬地腿有力蹬伸。起跳时向后下方用力比较明显，以获得较大的垂直速度，弥补水平速度的不足。

起跳离地后的空中动作可选用跳远中的空中动作，即蹲踞式、挺身式或走步式。

二、三级跳远的技术类型

（一）速度型（平跳型）

第一跳距离较短、人体运行轨迹低平，向前的效果好，第三跳则较高较远，使第三跳的远度超过第一跳。第二跳的远度小于第一跳。

（二）力量型（高跳型）

这类运动员的腿部力量强，弹跳力好，特点是第一跳高远，三跳都比较高。由于水平速度损失较大，第三跳的距离较近。

（三）综合型（混合型）

此种跳法吸取了前两种跳法的优点。特点是助跑速度快而有力，第一跳不高，但要远，水平速度损失较少，第三跳能取得较大远度。

第五节 撑竿跳高

撑竿跳高是运动员通过助跑获得一定的动能，然后通过插竿起跳动作，借助撑竿的作用腾越横杆的跳跃项目。由于撑竿跳高技术复杂，对运动员的身体素质、综合运动技巧和心理素质都提出了很高的要求。

撑竿跳高的技术可分为：持竿助跑、插竿起跳、悬垂摆体、后仰举腿、引体转体、腾越横杆和落地等环节（图十二7）。

一、持竿

目前在国际国内大型田径比赛中，运动员均使用尼龙竿。本书重点介绍使用尼龙竿进行撑竿跳高的技术。持竿时，应将竿子易弯曲的一面朝下，以便插竿时撑竿正好向前弯曲，有利于起跳。握竿时，双手握点之间的距离通常在 80～90 厘米左右。左脚起跳的运动员，右手反握竿的上端，左手正握撑竿，右手的食指和中指向下压，使竿的高度达到齐眉或较高一些。持竿于体右侧髋关节处，双臂肘关节弯曲成直角（图十二 8）。

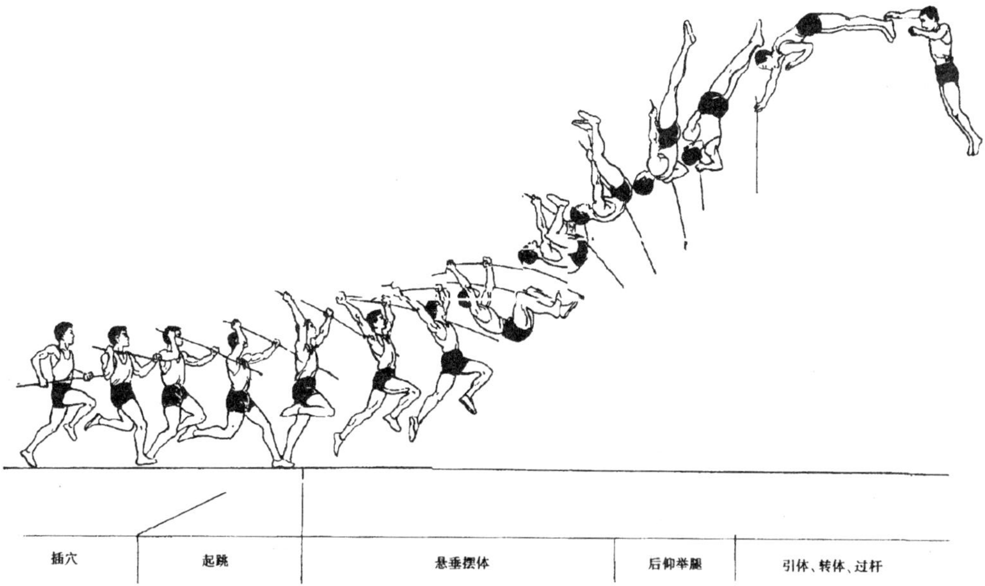

图十二7 撑竿跳高

二、助跑

图十二 8　持竿姿势

持竿助跑时，应以肩为轴，两臂轻松地随着跑的节奏自然上下颤动。

开始助跑前，两腿成前后分腿站立姿势，也有的先走几步再跑。助跑的距离应根据运动员的速度素质以及获得最佳速度所需要的步数来决定。通常优秀运动员助跑距离大约为35～45米，跑18～22步。初学者助跑距离较短，通常跑14步即可。

在助跑开始时身体前倾不大，随着速度的逐渐增加，上体平稳的向上抬起，直到助跑结束前，上体都保持基本垂直的姿势。助跑中随起跳点的接近要平稳下放撑竿，竿头对准前方，在最后3～5步时指向插斗，在降竿动作时，不要太突然，撑竿应平滑下移。在助跑过程中，后蹬动作应迅速有力，摆动腿应积极折叠前摆，髋部前送，身体重心较高，步子富有弹性，助跑快速、轻松，充分发挥助跑的速度。

三、插穴起跳

插穴起跳是撑竿跳高的技术关键，要求把助跑获得的水平速度，最大限度地转化为撑竿的弹性势能和摆体的动量。

当助跑至倒数第二步时，右臂提肘翻腕，双手将撑竿从右肩经耳侧向前上方快速举起，完成举竿动作。最后一步步长比倒数第二步减少10～20厘米。

起跳时起跳脚用全脚掌踏上起跳点，两手把撑竿举到头的前上方，竿头沿插斗底板斜面滑至斗底。当起跳腿处于垂直支撑阶段时，撑竿已举到最高处，右臂伸直。此时摆动腿屈膝，积极快速前摆高抬，带动髋部向前，然后起跳腿做快速有力的蹬伸动作，使整个躯干向前上方充分伸展。在起跳脚离地瞬间，整个身体从右臂至左脚形成一个反弓形势。

起跳时运动员要尽量保持助跑的速度，起跳点最好处于握竿点的垂直下方前 5～10 厘米处。

四、悬垂摆体和后仰举腿

起跳离地后，撑竿以下端为支点竖起，人体借助撑竿的支撑向前做大幅度的摆动。摆动时，胸部靠近撑竿，摆动腿自然下放，向起跳腿靠近，髋部前移，整个身体充分伸展悬垂在撑竿下。在这一动作中运动员以肩为轴，腿和髋做迅速的鞭打动作。

当身体重心摆到接近撑竿时，上体应紧贴撑竿，以肩为轴，做屈膝收腹、提臀举腿的动作。由于运动员加大了对撑竿的压力，使撑竿弯曲到最大限度，增加了撑竿的弹性势能。当臀部摆至与肩同高时，就由向前的运动转为向上的运动。

五、引体转体和推竿

引体转体是在摆体的基础上进行的。引体时，要充分利用上摆的惯性，迅速拉引两臂，将引体和摆体动作紧密结合，充分利用撑竿的弹性使人体再次向上腾起。与此同时，臀部向左扭转，两腿也在继续上摆中随之做剪绞动作，带动上体向左转动 180°完成转体动作。完成转体动作时，整个身体由握竿点下面升至握竿点上面，由背对横杆转为腹部对横杆，两腿高举成倒立姿势。

推竿时，应沿撑竿纵轴向下用力，以帮助转体和身体的腾起。左手推离撑竿后，利用撑竿伸直的力量和引体的余力，迅速把身体向上推起，左臂急速屈肘外摆，帮助右手推起，推起动作要和过杆结合起来。在推离撑竿后，两腿以短而快的动作甩过横杆。

六、腾越横杆和落地

在推竿结束时，两腿高举，在空中做甩腿动作。身体含胸收腹、低头、右臂下垂，身体借助惯性而屈体越过横杆，当大腿越过横杆时，两腿要向下甩，横杆在胸腹之下时再收腹含胸，当感觉横杆在下颌的下面时，再向后仰头，两臂上举准备落地。越过横杆之后，要注意安全，下落时用腿着垫接着向后滚翻，或者用背部落在海绵垫上。

第六节　掷铁饼

掷铁饼是田径运动中技术比较复杂的投掷项目之一。铁饼为扁平圆形，男子铁饼重量为 2 千克，女子铁饼重量为 1 千克。掷铁饼时，投掷者一手握饼，在直径 2.5 米的投掷圈内通过旋转将铁饼掷出，要求铁饼落在 40°的投掷区域内。

经常从事掷铁饼练习，可以发展和提高练习者的力量、速度、灵敏、协调、身体平衡以及爆发力等身体素质，并能培养顽强、果断的意志品质。

掷铁饼的完整动作过程（以右手掷铁饼为例），从技术结构上可以分为：握法、预备姿势和预摆、旋转、最后用力和掷出铁饼后身体的平衡五个部分。

一、握法

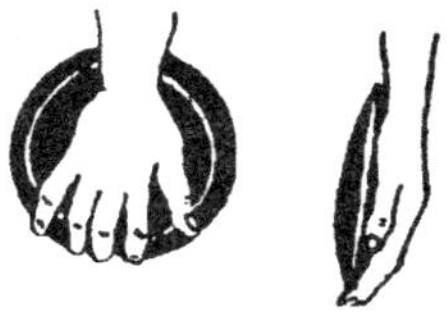
图十二 9 铁饼的握法

将铁饼平放在五指自然分开的手掌上，拇指和手掌贴在饼面上，其余四指最末指关节扣住铁饼的边沿，手腕微屈使铁饼的上沿自然靠于前臂内侧。握饼后的手臂和肩部放松，并自然下垂于体侧，铁饼的重心垂线在食指和中指之间（图十二 9）。

由于个人手掌的大小及手指力量强弱不同，握饼的方法也可适当改变。如五指分开的距离，四指末节扣住铁饼边沿的程度都可适当调整。力求做到既牢固又放松地控制好铁饼，便于旋转和投掷时发挥力量。

二、预备姿势和预摆

（一）预备姿势

背对投掷方向站立，立于投掷圈铁圈后沿中轴线的两侧，两脚左右分开约一肩半宽，持饼臂自然下垂于体侧，两眼平视（图十二 10①）。

（二）预摆

预摆的目的是使铁饼摆脱静止状态，增强手和持饼臂的肌肉感觉，为平稳进入旋转创造有利条件。

通常采用的预摆方法有两种：

1. 左上右后摆饼法

开始姿势站好后，持饼臂在体侧前后轻微自然摆动，当铁饼摆到体后时，右脚蹬地用躯干带动持饼臂向左上方摆起，

图十二 10　背向旋转掷铁饼技术

身体重心在左腿，上体稍左转。为了防止铁饼脱手，左手可以在下面把铁饼托住。回摆时，躯干带动持饼臂将铁饼摆到身体右后方至最大限度。随着摆饼动作身体重心又移到右腿上，上体稍前倾，两腿微屈，左臂自然屈于胸前，两眼平视。这种方法简单易学，便于初学者使用。

2. 身体前后摆饼法

开始姿势站好后，持饼臂在体侧前后轻微摆动，当铁饼摆到体后时，右脚蹬地用躯干带动持饼臂将铁饼摆至身体的左方，高度约与肩平。为防止铁饼脱手，手掌翻转向上，体重大部移至左腿上，左膝微屈，上体微前倾并向左扭转。然后再回摆铁饼，将铁饼摆到身体的右后方，高度约与肩平。这时体重移至右腿上方，膝部微曲，上体微前倾并向右扭转。左臂自然屈于胸前，两眼平视。这种预摆方法的特点是动作放松、幅度大，目前世界优秀运动员中采取这种方法的人比较多。

预摆的次数一般1～2次即可。不论采用哪种预摆方法，都必须做到平稳、协调、放松，头和肩要随身体的转动而转动，两腿的屈伸要柔和而有弹性。预摆结束时，躯干必须扭紧，使投掷臂与肩轴和髋轴之间形成扭紧状态，肩部要放松，持饼臂肌肉要有充分拉长的感觉。

三、旋转

旋转的目的是为了取得预先速度，为最后用力创造良好的条件。完整的旋转技术可分为下述几个动作阶段：双腿支撑进入旋转→左腿支撑旋转→无支撑旋转（即腾空）→右腿支撑旋转→双腿支撑和最后用力。在掷铁饼连续旋转过程中的各个阶段有不同的技术要求。

（一）双腿支撑进入旋转

预摆结束时，身体重心稍微降低，左臂向左摆，上体左转，头部随上体向左转，左膝外展，身体重心由右腿移向边曲边转的左腿（图十二10④～⑤），接着以两脚脚掌为轴向左侧转动，同时弯曲的右腿蹬伸右踝但不过早离地，以便使腰部及右髋保持扭紧状态。注意左臂伸开而右肩的位置相对滞后，持饼的手臂还远远的保持在躯干的后面（图十二10⑤）。

（二）左腿支撑旋转

当左膝左肩和头即将转向投掷方向，体重移向左腿时，右腿以大腿带动小腿向投掷方向形成较大幅度的弧形摆动，绕过左腿，右腿离地不应过高，形成左腿支撑旋转（图十二10

⑤～⑥）。

（三）无支撑旋转（腾空）

随着身体的转动，左脚蹬离地面使身体形成腾空并向投掷方向移动，这时右腿内扣带动右髋换步旋转（图十二10⑧）。

在短暂的腾空中，由于左腿的蹬转和右腿、右髋的转动、内扣配合进行，因而获得了向前的动力，使得在腾空中身体向前运动的时候继续旋转。

（四）右腿支撑旋转

经过无支撑旋转后，右脚以前脚掌迅速落在投掷圈圆心附近，并不停顿地继续转动，这时上体仍保持扭紧程度（图十二10⑨～⑩）。

右脚着地时，右脚尖与投掷方向约成180～135°角（图十二10⑨），体重在弯曲的右腿上，左肩内扣并位于右膝的上方。左膝稍外展，使躯干围绕右脚掌和身体垂直轴继续进行转动。这时上体是以从左肩至右肩和投掷臂连成的较大半径进行转动，而下肢的动作由于以髋部带动左腿曲膝靠近转动中的右膝，向右脚落地点摆动，使旋转半径明显地缩短（图十二10⑧），使下肢的旋转角速度快于上体，加大了肩轴与髋轴的扭紧程度，同时由于肩部的运动快于投掷臂，使肩轴与投掷臂形成的水平拉引角也缩小了。因此，在右腿单支撑的转动中，形成了较明显的超越器械动作。

四、双腿支撑和最后用力

在右腿单脚支撑快速转动中，右脚转到与投掷方向成

135°时，左腿以左脚的前脚掌内侧迅速落于投掷圈中线的左侧，形成稳固而有力的双脚支撑，这时，身体重心落在弯曲的右腿上，上体充分扭转拉紧，髋轴超越肩轴，铁饼处于身体的后方，形成最后用力的有利姿势（图十二 10⑩）。

最后用力是决定投掷远度的主要技术环节，它的任务是与旋转动作紧密衔接，充分利用旋转形成的最后用力的有利姿势，把全身的力量通过投掷臂及手指的末节用力动作掷出铁饼，使铁饼出手时具有较大的初速度、适宜的出手角度和出手高度（图十二 10⑩～⑫）。

旋转和最后用力的动作是不能截然分开的，当左脚主动落地时已经开始了最后用力的动作，这时右腿屈膝，右脚继续向投掷方向转动时积极蹬地，边转边蹬，促使右髋快速向投掷方向转动和前进。这时头部向左转并微抬起，左肩左臂向投掷方向牵引，左肘稍低于左肩，上体向左前转动，体重逐渐移向左腿上方，投掷臂带动铁饼以较大的半径沿弧线向前运动。当铁饼运行到髋的右侧时，弯曲的右腿继续转蹬，左肩制动，微屈的左腿支撑用力，形成稳固而有力的左侧支撑转动轴，与此同时，挺胸抬头，身体右侧加快向前转动。当胸部转向投掷方向时，铁饼已运行到身体右侧约与右肩同高处，全身的力量通过加速挥摆投掷臂和手作用到铁饼上，使铁饼出手，作用于铁饼上的力量应当通过铁饼的几何中心。

当铁饼离手的刹那，由小指到食指末节要依次用力拨饼，使铁饼向前飞进时沿顺时针方向自转。

适宜的出手角度约为 36°，但在不同风向的情况下，应当调整出手角度，通常顺风时出手角度应稍大些，逆风时出手角度应略小些。

五、维持身体平衡

铁饼出手后，为了防止由于向前的惯性冲出圈外而造成犯规，应迅速交换两腿，同时降低身体重心，缓冲向前的冲力，维持好身体的平衡。

第七节　掷链球

掷链球是一个旋转投掷的项目。投掷时，运动员在直径为2.135米投掷圈内，用双手握住链球把手，旋转3～4圈，将链球投在落地区为40°角的扇形区内。链球由把手、链子和球体三部分组成，男子链球全重7.26千克，全长117.5～121.5厘米。为了保障安全，在投掷圈外装有护笼。

掷链球的动作过程，按技术结构可分为握法、预备姿势和预摆、旋转、最后用力和维持身体平衡五个环节。

一、握法（以左侧出球为例，下同）

在旋转投掷链球时会产生很大的离心力，为了便于投掷和防止链球在旋转过程中脱手，一般采用“扣锁式”握法。这种握法是用左手食指到小指各指的第二指关节握住把手，右手食指到小指紧紧包握在左手上，右手拇指按住左手食指，左拇指按压在右拇指上，两拇指交叉紧握（图十二11）。

图十二11　掷链球的握法

二、预备姿势和预摆

（一）预备姿势：投掷者背对投掷方向，站在投掷圈的后缘，两脚左右开立，稍比肩宽，脚尖稍向外分开。两膝稍屈，上体向右转并稍前倾，体重大部分落在右腿上。链球放在圈内或圈外地面上，两臂伸直尽量与链子成一直线。

（二）预摆：预摆的目的是使链球获得预先速度，为进入旋转创造条件。

预摆开始时，头部抬起，随着上体伸直向左转动，两腿向右下方蹬伸，体重逐渐移至左腿，此时两臂保持伸直。随着身体的转动，链球向左上方移动。当链球从左上方继续旋转时，体重开始从左腿移向右腿，同时两膝微屈。当链球通过最高点时，两臂弯曲，上体急速右转，两手经头上向右移动，重心前移，体重落在两腿上。链球从右侧向下方运动时，与肩轴向左转动和右臂伸直的动作相配合。图十二12是投掷时的预备姿势和预摆动作。

链球在体前达到最低点时，由于躯干的转动，加快了链球的运动并进入第二次预摆。一般预摆两周就可使链球达到进入旋转的必要速度。

在预摆中应注意：

1. 为了克服链球在运动中的离心力，保持身体平衡，髋部应向链球运动的相反方向移动，并尽量保持在一个水平面上。

2. 预摆中，两臂在头上方的动作非常重要，当链球从左侧向后上方转动时，迫使肘关节弯曲，这时右肘应向上，左肘应向下，特别注意不要缩短链球在头上从左向右转动的半径，否则会破坏进入旋转的动作。

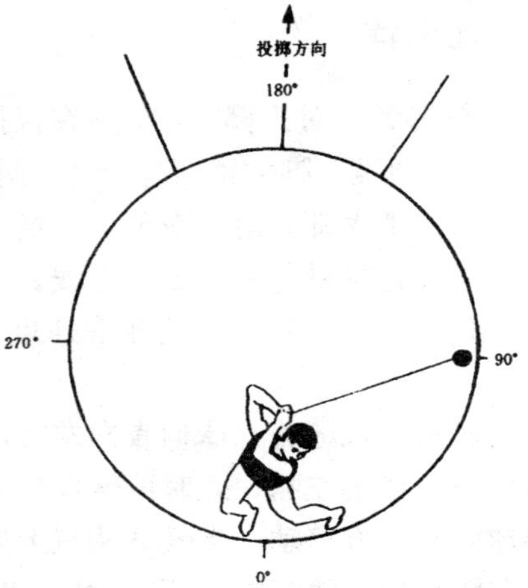

图十二 12　掷链球的预备姿势和预摆动作

3. 预摆速度的快慢应与投掷者的身体素质和技术水平相一致，并保证进入第一圈旋转时能够正确地做动作。

三、旋转

旋转是掷链球技术中重要的技术环节，旋转与预摆共同完成掷链球的预加速任务，为最后用力创造条件。现代掷链球技术，普遍采用三周或四周旋转。增加旋转圈数的目的是为了使链球获得较长的运行路线和加速距离，从而获得较大的出手速度。为方便起见，文中以三周旋转技术（图十二 13）为例进行分析。

旋转时，投掷者应与链球成为一体，围绕着身体的垂直轴进行旋转，以克服离心力。每圈旋转动作可分为双脚支撑和单脚支撑两个阶段，这两个阶段是旋转动力的主要来源。

第一圈旋转是在预摆的基础上开始的，随着链球摆至最低点时即进入第一圈旋转，此时两腿弯曲，躯干直立，左脚以脚跟为轴，前脚掌抬起积极向左后方转动，同时逐渐伸直左腿，右脚以前脚掌支撑地面，脚跟外转，使两脚动作协调配合，推动身体向左转动。此时链球处于加速阶段。

当身体向左转至约90°时，右脚离地，进入了单脚支撑阶段，此时左脚用前脚掌外侧进行旋转，左膝弯曲，离地的右腿尽量靠近左腿，屈膝围绕左腿摆动，以使身体形成再次扭紧，为链球的再次加速创造条件（图十二13⑪～⑬），缩短单脚支撑的时间，形成下肢对躯干和器械的超越。在单支撑阶段链球的速度有所减小。

在第二、三圈旋转中，由于链球运行的速度加快，离心力随之加大，为了保持平衡，投掷者必须根据器械的位置、运行的方向及速度等因素及时调整身体各部位的姿势。链球运行在最低点时，身体后倾角度加大；链球运行在最高点时，身体重心最低。

在旋转中应注意：

1. 链球在旋转中运行轨迹最低点的位置是在身体右侧前方，最高点的位置是在左侧上方（图十二13㉒）。

在加速过程中，随着链球速度逐渐加大，链球的旋转平面与地面的夹角也不断加大，以便使链球有一个合理的出手角度。

2. 在旋转中对抗链球离心力以保持身体平衡是靠身体重心向链球异侧移动来实现的。在身体重心移动时，必须努力保持头部和躯干正直的姿势，尽量减少旋转轴的变化，加快链球运行的速度。

3. 注意两脚在旋转中的变化。旋转时人体和链球应成为一体，围绕身体垂直轴转动，旋转前进。前进动作是用左脚跟和前脚掌轮流从圈的后缘向投掷方向沿着一条直线移动，右脚在向投掷方向移动中逐渐向左脚靠拢，两脚的脚迹成为锥形，这有助于加快旋转速度。两脚也可以平行向投掷方向移动，但最后一圈右脚落地位置应稍在体后。

四、最后用力

最后用力是投掷链球最重要的技术环节，它直接关系到出手速度、角度和高度。

最后用力是在最后一圈旋转结束，右脚着地时开始的（图十二13㉔），此时下肢与肩、髋轴和链球形成扭紧状态，链球被留在身后，身体超越在器械的前面，两腿弯曲，重心较低。这是投掷前的有利姿势。随着链球向下运行，身体后仰逐渐加大，头部的后仰动作也起到加大用力和维持平衡的作用（图十二13㉕、㉖），当链球移过体前时，体重已落在伸直的左腿上，头继续后仰，当链球通过肩部的高度时将球掷出（图十二13㉗）。链球出手的角度，一般为40～42°。

在最后用力阶段应注意：

1. 在最后用力阶段，保持两臂伸直对链球获得较大的速度至关重要。两臂微小的弯曲或向后撤肩，都会缩短投掷半径，影响链球的运行速度和飞行的距离。

2. 最后用力中要重视伸直左腿的作用，尤其是链球从体前向左上方运行中，伸直左腿几乎与躯干成一直线，以保证正确的出手动作。

图十三

五、维持身体平衡

链球投出后，为了防止犯规，要继续做旋转动作，并积极换腿，降低身体重心，以保持身体平衡。

第八节　全能运动

一、全能运动项目

全能运动是由若干跑、跳跃、投掷项目组成的综合性田径比赛项目。奥运会的田径比赛有男子十项全能和女子七项全能。比赛的各项目按规定顺序分两天进行。男子十项全能：第一天，100 米、跳远、铅球、跳高、400 米；第二天，110 米栏、铁饼、撑竿跳高、标枪、1500 米。女子七项全能：第一天，100 米栏、跳高、铅球、200 米；第二天，跳远、标枪、800 米。全能运动的成绩是由各个单项按《田径全能运动评分表》查得分数之总和来计算的。

为了在我国大力开展田径运动，抓好儿童少年的田径运动多种技能教学和训练，促进儿童少年的全面发展和打好田径训练基础，有利于培养和发现优秀田径运动后备人才，国家体委制定了全国儿童少年竞赛制度。其中，对各年龄组的全能运动项目作出了具体的规定（表十一）。

二、全能运动的意义和作用

全能运动对学生的身体全面发展和多种身体素质要求都比较高。参加全能运动不仅能使身体各器官和系统得到全面和均衡的发展，而且也有利于培养学生勇敢、顽强、机智、果断和吃苦耐劳等优良品质。

表十一　　中小学分龄比赛全能项目表

年级（年龄组）		性别	项　　目
小学	三～四年级（9～10 岁）	男 女	三项全能：30 米跑，立定跳远，掷垒球
	五～六年级（11～12 岁）	男 女	三项全能：60 米跑，跳高，铅球　3 千克 2 千克
初中	一年级（13 岁）	男 女	三项全能：60 米跑，跳高，铅球　4 千克 3 千克
	二年级（14 岁）	男 女	三项全能：100 米跑，跳高，铅球　4 千克 3 千克
	三年级（15 岁）	男	四项全能：110 米栏（栏高 91.4 厘米，起跑至第一栏 13.72 米，栏间距 8.7 米） 跳高，标枪（500 克），800 米跑
		女	四项全能：100 米栏（栏高 84 厘米，起跑至第一栏 13 米，栏间距 8 米） 跳高，标枪（500 克），800 米跑
高中	各年级（16～17 岁）	男	七项全能：110 米栏（栏高 91.4 厘米，起跑至第一栏 13.72 米，栏间距 9.14 米） 跳高，跳远，标枪（700 克），铁饼（1.5 千克） 撑竿跳高，1500 米跑
		女	五项全能：100 米栏（栏高 84 厘米，起跑至第一栏 13 米，栏间距 8.5 米） 跳高，跳远，标枪（600 克），800 米跑

由于全能项目由若干单项组成，练习的手段丰富，所以在儿童少年中开展全能运动可大大激发他们对田径运动的兴

趣，调动他们参加田径运动的积极性，避免出现单调枯燥的现象，延缓疲劳的出现，这符合儿童少年的心理特征。

儿童少年时期具有很大的可塑性，参加全能运动不仅能使他们的身心得到全面发展，而且有助于他们全面掌握田径运动各单项的技术，为以后在某一专项上的发展打下较好的基础。儿童少年时期也是处在长身体和长知识的阶段，以后的专业趋向尚未确定。无论他们以后从事何种职业，从小培养优良的思想品质和掌握多种运动技能，并有全面发展的体魄，定能终身受益，也为社会所欢迎。总之，从小开展全能运动的教学与训练对于我国田径运动的发展具有深远的战略意义。

三、开展全能运动的注意事项

（一）在儿童少年中开展全能运动必须立足于打好身体素质和技术基础，促进他们身体全面发展。

（二）必须遵循由易到难、由简到繁和循序渐进的原则。

（三）根据儿童少年的生长发育规律，优先发展灵巧性项目和符合年龄特点的身体素质。

（四）教学与训练方法和手段多样化，以提高他们的学习兴趣，保证学习效果。

（五）根据全能项目的特点，加强思想教育，重视培养吃苦耐劳的精神和勇敢顽强的意志品质。